章太炎讲中国传统文化

章太炎 著

河海大学出版社
HOHAI UNIVERSITY PRESS

·南京·

图书在版编目（CIP）数据

章太炎讲中国传统文化 / 章太炎著. -- 南京 : 河海大学出版社, 2019.7
　　ISBN 978-7-5630-5919-5

　　Ⅰ. ①章⋯　Ⅱ. ①章⋯　Ⅲ. ①国学－研究　Ⅳ. ①Z126.27

中国版本图书馆CIP数据核字(2019)第073217号

书　　名 / 章太炎讲中国传统文化
书　　号 / ISBN 978-7-5630-5919-5
责任编辑 / 毛积孝
特约编辑 / 李　路　　叶青竹
特约校对 / 王春兰　　朱阿祥
出版发行 / 河海大学出版社
地　　址 / 南京市西康路1号（邮编：210098）
电　　话 /（025）83722833（营销部）
（025）83737852（总编室）
经　　销 / 全国新华书店
印　　刷 / 三河市兴国印务有限公司
开　　本 / 880mm×1230mm　1/32
印　　张 / 7.625
字　　数 / 160千字
版　　次 / 2019年7月第1版
印　　次 / 2019年7月第1次印刷
定　　价 / 59.80元

《大师讲堂》系列丛书
► 总序

/ 吴伯雄

梁启超说:"学术思想之在一国,犹人之有精神也。"的确,学术的盛衰,关乎一个民族的精神气象与文化氛围。民国是一个动荡不安的时代,内忧外患,较之晚清,更为剧烈,中华民族几乎已经濒临亡国灭种的边缘。而就是在这样日月无光的民国时代,却涌现出了一批批大师,他们不但具有坚实的旧学基础,也具备超前的新学眼光。加之前代学术的遗产,西方思想的启发,古义今情,交相辉映,西学中学,融合创新。因此,民国是一个大师辈出的时代,梁启超、康有为、严复、王国维、鲁迅、胡适、冯友兰、余嘉锡、陈垣、钱穆、刘师培、马一孚、熊十力、顾颉刚、赵元任、汤用彤、刘文典、罗根泽……单是这一串串的人名,就足以使后来的学人心折骨惊,高山仰止。而他们在史学、哲学、文学、考古学、民俗学、教育学等各个领域所取得的成就,更是创造出了一个异彩纷呈的学术局面。

岁月如轮,大师已矣,我们已无法起大师于九原之下,领教大师们的学术文章。但是,"世无其人,归而求之吾书"(程子语)。

大师虽已远去，他们留下的皇皇巨著，却可以供后人时时研读。时时从中悬想其风采，吸取其力量，不断自勉，不断奋进。诚如古人所说："圣贤备黄卷中，舍此安求？"有鉴于此，我们从卷帙浩繁的民国大师著作当中，精心编选出版了这一套"大师讲堂系列丛书"，分辑印行，以飨读者。原书初版多为繁体字竖排，重新排版字体转换过程当中，难免会有鲁鱼亥豕之讹，还望读者不吝赐正。

吴伯雄，福建莆田人，1981年出生。2003年考入福建师范大学古代文学研究系，师从陈节教授。2006年获硕士学位。同年9月考入复旦大学中文系古代文学专业，师从王水照先生。2009年7月获博士学位。同年9月进入福建师范大学文学院古代文学教研室工作。推崇"博学而无所成名"。出版《论语择善》（九州出版社），《四库全书总目选》（凤凰出版社）。

目录

上篇 · 章太炎解经 | 001

经学略说 | 003

尚书 | 017

诗经 | 031

三礼 | 040

春秋 | 054

《大学》大义 | 068

《孝经》《大学》《儒行》《丧服》余论 | 074

《春秋》三传之起源及其得失 | 080

关于经学的演讲 | 088

关于《春秋》的演讲 | 097

论读经有利而无弊 | 103

论经史儒之分合 | 110

下篇 · 章太炎观诸子争鸣 | 119

诸子流别 | 121

儒术真论 | 179

清儒 | 189

原儒 | 197

《儒行》要旨 | 201

儒家之利病 | 207

订孔 | 210

在孔子诞辰纪念会上的演说 | 215

原道 | 217

原墨 | 228

原名 | 230

上篇·章太炎解经

经学略说

"经"之训"常",乃后起之义。《韩非·内外储》首冠"经"名,其意殆如后之目录,并无"常"义。今人书册用纸,贯之以线。古代无纸,以青丝绳贯竹简为之。用绳贯穿,故谓经。"经"者,今所谓线装书矣。《仪礼·聘礼》:"百名以上书于策,不及百名书于方。"《礼记·中庸》云:"文武之政,布在方策。"盖字少者书于方,字多者编简而书之。方不贯以绳,而简则贯以绳。以其用绳故曰"编",以其用竹故曰"篇"。方,版牍也。古者师徒讲习,亦用方誊写。《尔雅》:"大版谓之业。"故曰肄业、受业矣。《管子》云:"修业不息版。""修业"云者,修习其版上之所书也。竹简繁重,非别版书写,不易肄习。二尺四寸之简,据刘向校古文《尚书》,每简或二十五字,或二十二字,知一字约占简一寸。二十五自乘为六百二十五。令简策纵横皆二十四寸,仅得六百二十五字。《尚书》每篇字数无几，多者不及千余。《周礼》六篇，每篇少则二三千，多至五千。《仪礼·乡射》有六千字，《大射仪》有六千八百字。如横布《大射》《乡射》之简于地，占地须二丈四尺，合之今尺，一丈六尺，倘师徒十余人对面讲诵，便非一室所能容。由是可知讲授时决不用原书，必也移书于版，然后便捷。故称肄业、受业，而不曰肄策、受策也。帛，绢也，古时少用。《汉书·艺文志》六艺略、诸子略、诗赋略、兵书略，每书皆云"篇"；数术、方技，则皆称"卷"。数术、方技，乃秦汉时书，古代所无。六艺、诸子、诗赋、兵书，汉人亦有作。所以不称卷者，以刘向《叙录》，皆用竹简，杀青缮写，数术、方技，或不用竹简也。惟图不称篇而称卷，盖帛书矣。由今观之，篇繁重而卷简便，然古代质厚，用简者多。《庄子》云："惠施多方，其书五车。"五车之书，如为帛书，乃可称多；如非帛书，而为竹简，则亦未可云多。秦皇衡石程书，一日须尽一石。如为简书，则一石之数太多，非一人一日之力所能尽。古称奏牍，牍即方版，故一日一石不为多耳。

周代《诗》《书》《礼》《乐》皆官书。《春秋》史官所掌，《易》藏太卜，亦官书。官书用二尺四寸之简书之。郑康成谓《六经》二尺四寸，《孝经》半之，《论语》又半之，是也。《汉书》称律曰"三尺法"，又曰"二尺四寸之律"。律亦经类，故亦用二尺四寸之简。惟六经为周之官书，"汉律乃汉之官书耳"。寻常之书，非经又非律者，《论衡》谓之"短书"。此所谓短，非理之短，乃策之短也。西汉用竹简者尚多，东汉以后即不用。《后汉书》称董卓移都之乱，绢帛图书，大则帷盖，小乃制为滕囊，可知东汉官书已非竹简本矣。帛书可卷可舒，较之竹简，自然轻易，然犹不及今之用纸。纸之起源，人皆谓始于蔡伦，然《汉书·外戚传》已称"赫蹏"，则西汉时已有纸，但不通用耳。正惟古人之不用纸，作书不易，北地少竹，得之甚难，代以绢帛，价值又贵，故非熟读强记不为功也。竹简书之以漆，刘向校书可证，方版亦然。至于绢帛，则不可漆书，必当用墨。《庄子》云：宋元君将画图，众史舐笔和墨。则此所谓图，当是绢素。又《仪礼》"铭旌用帛"，《论语》"子张书绅"，绅以帛为之，皆非用帛不能书。惟经典皆用漆书简，学生讲习，则用版以求方便耳。以上论经之形式及质料。

《庄子·天下篇》："《诗》以道志，《书》以道事，《礼》以道行，《乐》以道和，《易》以道阴阳，《春秋》以道名分。"列举六经，而不称之曰"经"。然则"六经"之名，孰定之耶？曰：孔子耳！孔子之前，《诗》《书》《礼》《乐》已备。学校教授，即此四种。孔子教人，亦曰："兴于《诗》，立于《礼》，成于《乐》。"又曰："《诗》《书》执礼，皆雅言也。"可见《诗》《书》《礼》《乐》，乃周代通行之课本。至于《春秋》，国史秘密，非可分布，《易》为卜筮之书，事异恒常，非当务之急。故均不以教人。自孔子赞《周易》、修《春秋》，然后《易》与《春秋》同列六经。以是知"六经"之名，定于孔子也。

五礼著吉、凶、宾、军、嘉之称。今《仪礼》十七篇，只有吉、凶、宾、嘉，而不及军礼。不但十七篇无军礼，即《汉书》所谓五十六篇《古经》者亦无之。《艺文志》以《司马法》二百余篇入"礼类"，此军礼之遗，而不在《六经》之内。孔子曰："军旅之事，未之学也。"盖孔子不喜言兵，故元取焉。又古律亦官书，汉以来有《汉律》。汉以前据《周礼》所称，五刑有二千五百条，《吕刑》则云三千条。当时必著简册，然孔子不编入六经，至今无只字之遗。盖律者，在官之人所当共知，不必以之教士。若谓古人尚德不尚刑，语涉迂阔，无有是处。且《周礼·地官》之属，州长、党正，有读法之举，是百姓均须知律。孔子不以入《六经》者，当以刑律代有改变，不可为典要故尔。

《六经》今存五经，《乐经》汉时已亡。其实，"六经"须作六类经书解，非六部之经书也。礼，今存《周礼》《仪礼》。或谓《周礼》与《礼》不同，名曰《周官》，疑非礼类。然《孝经》称"安上治民莫善于礼"，《左传》亦云"礼，经国家、定社稷、序人民、利后嗣。"由《孝经》《左传》之言观之，则《周官》之设官分职，体国经野，正是礼类。安得谓与礼不同哉！春秋时人引《逸周书》皆称《周书》，《艺文志》称《逸周书》乃孔子所删百篇之余。因为孔子所删，故不入《六经》。又《连山》《归藏》，汉时尚存，与《周易》本为同类。以孔子不赞，故亦不入六经。实则《逸书》与《书》为一类，三《易》同为一类，均宜称之曰"经"也。

今所传之十三经，其中《礼记》《左传》《公羊》《谷梁》均传记也。《论语》《孝经》，《艺文志》以《诗》《书》《易》《礼》《春秋》同入"六艺"，实亦传记耳。《孟子》应入子部，《尔雅》

乃当时释经之书，亦不与经同。严格论之，"六经"无十三部也。

史部本与《六经》同类。《艺文志》"春秋家"列《战国策》《太史公书》，太史公亦自言继续《春秋》。后人以史部太多，故别为一类。荀勖《中经簿》始立经、史、子、集四部，区经、史为二，后世仍之。然乙部有《皇览》，《皇览》者，当时之类书也，与史部不类。王俭仿《七略》作《七志》，增"图谱"一门，称"六艺略"曰"经典志"，中分六艺、小学、史记、杂传四门，有心复古，颇见卓识。又有《汉志》不收而今亦归入经部者，纬书是也。纬书对经书而称，后人虽不信，犹不得不以入经部。独王俭以"数术略"改为"阴阳志"，而收入纬书，以纬书与阴阳家、形法家同列，不入经典，亦王氏之卓识也。自《隋书·经籍志》后，人皆依荀勖四部之目，以史多于经，为便宜计，不得不尔。明知纬书非经之比，无可奈何，亦录入经部，此皆权宜之计也。

兵书在《汉志》本与诸子分列。《孙子兵法》入兵书，不入诸子。《七志》亦分兵书曰"军书"，而阮孝绪《七录》以子书、兵书合曰"子兵"未免谬误。盖当代之兵书，应秘而不宣，古代之兵书，可人人省览。《孙子》十三篇，空论行军之理，与当时号令编制之法绝异，不似今参谋部之书，禁人窥览者也。是故当代之兵书，不得与子部并录。

向、歆校书之时，史部书少，故可归入"春秋"。其后史部渐多，非别立一类不可，亦犹《汉志》别立"诗赋"一类，不归入"诗经"类耳。后人侈言复古，如章实斋《校雠通义》，独断断于此，亦徒为高论而已。顾源流不得不明，纬与经本应分类，史与经本不应分，此乃治经之枢纽，不可不知者也。

汉人治经，有古文、今文二派。伏生时纬书未出，尚无怪诞之言。至东汉时，则今文家多附会纬书者矣。古文家言历史而不信纬书，史部入经，乃古文家之主张；纬书入经，则今文家之主张也。

古文家间引纬书，则非纯古文学，郑康成一流是也。王肃以贾、马之学，反对康成。贾虽不信纬书，然亦有附会处，马则绝不附会矣。至三国时人治经，则与汉人途径相反。东汉今文说盛行之时，说经多采纬书，谓孔子为玄圣之子，称其述作曰为汉制法。今观孔林中所存汉碑，《史晨》《乙瑛》《韩敕》，皆录当时奏议文告，并用纬书之说。及黄初元年，封孔羡为宗圣侯，立碑庙堂，陈思王撰文，录文帝诏书，其中无一语引纬书者。非惟不引纬书，即今文家，亦所不采。以此知东汉与魏，治经之法，截然不同。今人皆谓汉代经学最盛，三国已衰，然魏文廓清谶纬之功，岂可少哉！文帝虽好为文，似词章家一流，所作《典论》，《隋志》归入儒家。纬书非儒家言，乃阴阳家言，故文帝诏书未引一语。岂可仅以词章家目之！

自汉武立五经博士，至东汉有十四博士。《易》则施、孟、梁丘、京，《书》则欧阳、大小夏侯，《诗》则齐、鲁、韩，《礼》则大、小戴，《春秋》则严、颜，皆今文家也。孔安国之古文《尚书》，后世不传。汉末，马、郑之书，不立学官。《毛诗》亦未立学官。故《礼》，传之者少。《春秋》则《左氏》亦禾立学官。至三国时，古文《尚书》《毛诗》《左氏春秋》，皆立学官，此魏文帝之卓见也。

汉《熹平石经》，隶书一字，是乃今文。魏正始时立《三体石经》，则用古文。当时古文《礼》不传。《尚书》《春秋》皆用古文，《易》用费氏，以费《易》为古文也。《周礼》则本为古文。三国之学官，与汉末不同如此。故曰魏文廓清之功不可少也。

清人治经，以汉学为名。其实汉学有古文、今文之别。信今文则非，守古文即是。三国时渐知尊信古文，故魏、晋两代，说经之作，虽精到不及汉儒，论其大体，实后胜于前。故"汉学"二字，不足为治经之正轨。昔高邮王氏称其父熟于汉学之门径，而不囿于汉学之藩篱。此但就训诂言耳。其实，论事迹、论义理，均当如是。魏、晋人说经之作，岂可废哉！以上论经典源流及古今文大概。

欲明今、古文之分，须先明经典之来源。所谓孔子删《诗》《书》，定《礼》《乐》，赞《周易》，修《春秋》者，《汉书·艺文志》云："礼、乐，周衰俱坏，乐尤微眇，又为郑卫所乱，故无遗法。"又云："及周之衰，诸侯将逾法度，恶其害己，皆灭去其籍，自孔子时而不具。"是孔子时《礼》《乐》已阙，惟《诗》《书》被删则俱有明证。《左传》："韩宣子适鲁，观书于太史氏，见《易象》与鲁《春秋》，曰：周礼尽在鲁矣。"可见别国所传《易象》，与鲁不尽同。孔子所赞，盖鲁之《周易》也。《春秋》本鲁国之史，当时各国皆有春秋，而皆以副本藏于王室。故太史公谓孔子西观周室，论史记旧闻而修《春秋》，盖六经之来历如此。

《礼记·礼器》云："经礼三百、曲礼三千。"郑康成注："经礼谓《周礼》，曲礼即《仪礼》。"《中庸》云："礼仪三百，威仪三千。"孔颖达疏："礼仪三百即《周礼》，威仪三千即《仪礼》。"今《仪礼》十七篇，约五万六千字，均分之，每篇得三千三百字。汉时，高堂生传《士礼》十七篇，合淹中所得，凡五十六篇，较今《仪礼》三倍。若以平均三千三百字一篇计之，则五十六篇，当有十七万字，恐孔子时《礼经》不过如此。以字数之多，故当时儒者不能尽学，孟子所谓"诸侯之礼，吾未之学也"。至于《周礼》是否经孔子论定，无明文可见。孟子谓"诸侯恶其害己也，而皆去其籍"，是七国时《周礼》已不常见，故孟子论封建与《周礼》不同。

太史公谓古诗三千余篇，孔子删为三百篇。或谓孔子前本仅三百篇，孔子自信"诗三百"是也。然《周礼》言九德、六诗之歌。"九德"者，《左传》所谓水、火、金、木、土、谷、正德、利用、厚生。九功之德皆可歌者，谓之九歌。"六诗"者，一曰风、二曰赋、三曰比、四曰兴、五曰雅、六曰颂。今《诗》但存风、雅、颂，而无赋、比、兴。盖不歌而诵谓之赋，例如后之《离骚》，篇幅冗长，宜于诵而不宜于歌，故孔子不取耳。九德、六诗，合十五种，今《诗》仅存三种，已有三百篇之多，则十五种当有一千五百篇。风、雅、颂之逸篇为春秋时人所引者已不少，可见未删之前，太史公"三千篇"之说就为不诬也。孔子所以删九德之歌者，盖水、火、金、木、土、谷，皆咏物之作，与"道性情"之旨不合，故删之也。季札观周乐，不及赋、比、兴，赋本不可歌，比、兴被删之故，则今不可知。墨子言："诵诗三百、弦诗三百、歌诗三百、舞诗三百。"夫可弦必可歌，舞虽有节奏，恐未必可歌，诵则不歌也。由此可知，诗不仅三百，依墨子之言，亦有千二百矣。要之诗不但取其意义，又必取其音节，故可存者少耳。

《书》之篇数，据扬子《法言》称"昔之说《书》者序以百"，《艺文志》亦云"凡百篇"。"百篇"者，孔子所删定者也。其后伏生传二十九篇，壁中得五十八篇。由今观之，《书》在孔子删定之前已有亡佚者。楚灵王之左史，通三坟、五典、八索、九丘。今《三坟》不传，《五典》仅存其二。楚灵王时，孔子年已二十余，至删《书》时而仅著《尧典》《舜典》二篇，盖其余本已佚矣。若依百篇计之，虞、夏、商、周凡四代，如商、周各四十篇，虞、夏亦当有二十篇。今夏书最少，《禹贡》犹不能谓为夏书。真为夏书者，仅《甘誓》《五子之歌》《胤征》三篇而已。《胤征》之后，《左传》载魏绛述后羿、寒浞事，伍员述少康中兴事，皆《尚书》所无。魏绛在孔子前，而伍员与孔子同时，二子何以知之？必当时别有记载，而本文则已亡也。此亦未删而已佚之证也。至如周代封国必有命，封康叔有《康诰》，而封伯禽、封唐叔，左氏皆载其篇名，《书序》则不录。且鲁为孔子父母之邦，无不知其封诰之理。所以不录者，殆以周封诸侯甚多，不得篇篇而登之，亦惟择其要者耳。否则将如私家谱牒所录诰命，人且厌观之矣。《康诰》事涉重要，故录之，其余则不录，此删书之意也。《逸周书》者，《艺文志》云："孔子所论百篇之余。"今《逸周书》有目者七十一篇。由此可知，孔子于《书》，删去不少。虽自有深意，然删去之书，今仍在者，亦不妨视为经书。今观《逸周书》与《尚书》性质相同，价值亦略相等。正史之外，犹存别史，安得皇古之书，可信如《逸周书》者，顾不重视乎？《诗》既删为三百篇，而删去之诗如"巧笑倩兮，美目盼兮，素以为绚兮"一章，子夏犹以问孔子，孔子亦有"启予"之言。由此可见，逸诗仍有价值。逸书亦犹是矣。盖古书过多，或残缺，或不足重，人之目力有限，不能尽读，于是不得不删繁就简。故孔子删《诗》《书》，使人易于持诵，删余之书，仍自有其价值在也。崔东壁辈以为经书以外均不足采，不知太史公《三代三纪》，固以《尚书》为本，《周本纪》即采《逸周书·克殷解》《度邑解》，此其卓识过人，洵非其余诸儒所能及。

六经自秦火之后，《易》为卜筮，传者不绝。汉初北平侯张苍献《春秋左氏传》，经传俱全。《诗》由口授，非秦火所能焚，汉初有齐、鲁、毛、韩四家。惟毛有"六笙诗"。礼则《仪礼》不易诵习，故高堂生仅传十七篇。《周礼》在孟子时已不传，而荀子则多引之，然全书不可见。至汉河间献王乃得全书，犹缺《冬官》一篇，以《考工记》补之。《尚书》本百篇，伏生壁藏之，乱后求得二十九篇，至鲁恭王坏孔子宅，又得五十八篇，孔安国传之，谓之古文。此秦火后《六经》重出之大概也。

经今、古文之别有二：一，文字之不同；二，典章制度与事实之不同。何谓文字之不同？譬如《尚书》，古文篇数多，今文篇数少。今古文所同有者，文字又各殊异，其后愈说愈歧。此非伏生之过，由欧阳、大、小、夏侯三家立于学官，博士抱残守缺，强不知以为知，故愈说而愈歧也。古文《尚书》，孔安国传之太史公，太史公以之参考他书，以故不但文字不同，事实亦不同矣。

何谓典章制度之不同？如《周礼》本无今文，一代典章制度，于是大备。可见七国以来传说之语，都可不信。如"封建"一事，《周礼》谓公五百里、侯皆四百里、伯三百里、子二百里、男百里。而孟子乃谓公侯皆方百里、伯七十里、子、男五十里，与《周礼》不合。此当依《周礼》，不当依《孟子》，以《孟子》所称乃传闻之辞也。汉初人不知《周礼》，文帝时命博士撰王制，即用《孟子》之说，以未见《周礼》故。此典章制度之不同也。

何谓事实之不同？如《春秋左传》为古文，《公羊》《谷梁》为今文。《谷梁》称申公所传、《公羊》称胡毋生所传，二家皆师弟问答之语。《公羊》至胡毋生始著竹帛，《谷梁》则著录不知在何时。今三传不但经文有异，即事实亦不同，例亦不同。刘歆以为左氏亲见夫子，好恶与圣人不同；而公羊、谷梁在七十子之后。传闻之与亲见之，其详略不同。以故，若论事实，自当信《左氏》，不当信《公》《谷》也。《诗》无所谓今古文，口授至汉，书于竹帛，皆用当时习用之隶书。《毛诗》所以称古文者，以其所言事实与《左传》相应，典章制度与《周礼》相应故尔。《礼》，高堂生所传十七篇中为今文；孔壁所得五十六篇为古文。古文、今文大义无殊，惟十七篇缺天子、诸侯之礼，于是，后苍推士礼致于天子，后人不得不讲《礼记》，即以此故。以十七篇未备，故须《礼记》补之。《礼记》中本有《仪礼》正篇，如《奔丧》，小戴所有；《投壶》，大、小戴俱有。大小戴皆传自后苍，皆知十七篇不足，故采《投壶》《奔丧》二篇。二家之书，所以称《礼记》者，以其为七十子后学者所记，故谓之《礼记》，计百三十一篇，大戴八十四篇，小戴四十九篇。今大戴存三十九篇，小戴四十九篇具在，合之得八十八篇。此八十八篇中，有并非采自百三十一篇之记者，如大戴有《孔子三朝记》七篇，《孔子三朝记》应入"论语家"。《三朝记》之外，《孔子闲居》《仲尼燕居》《哀公问》等，不在《三朝记》中，则应入《家语》一类。要之乃《论语》家言，非《礼》家言也。大戴采《曾子》十篇，《曾子》本儒家书。又《中庸》《缁衣》《表记》《坊记》四篇，在小戴记，皆子思作。子思书，《艺文志》入儒家。若然，《孔子三朝记》以及曾子、子思所著，录入大小戴者，近三十篇。加以《月令》本属《吕氏春秋》，亦不在百三十一篇中。又《王制》一篇，汉文帝时博士所作。则八十八篇应去三十余篇，所余不及百三十一篇之半，恐犹有采他书者在。如言《礼记》不足据，则其中有百三十一篇之文在；如云可据，则其中有后人所作在。故《礼记》最难辨别，其中所记，是否为古代典章制度，乃成疑窦。若但据《礼记》以求之，未为得也。《易》未遭秦火，汉兴，田何数传至施、孟、梁丘三家，或脱去《无咎》《悔亡》，惟费氏不脱，与古文同。故后汉马融、荀爽、郑玄、刘表皆信费《易》。《易》专言理，惟变所适，不可为典要，故不可据以说《礼》。然汉人说《易》，往往与礼制相牵。如《五经异义》以"时乘六龙"谓天子驾六，此大谬也。又施、孟、梁丘之说，今无只字之存。施、孟与梁丘共事田生，孟喜自云："田生且死时，枕喜膝、独传喜。"而梁丘曰：

"田生绝于施雠手中,时喜归东海,安得此事!"是当时已起争端。今孟喜之《易》,尚存一鳞一爪。臆造之说,未足信赖。焦延寿自称尝从孟喜问《易》,传之京房,喜死,房以延寿《易》即孟氏学,而孟喜之徒不肯,曰:"非也。"然则焦氏、亦氏之《易》,都为难信。虞氏四传孟氏《易》,孟不可信,则虞说亦难信。此数家外,荀氏、郑氏传世最多,然《汉书》谓费本无书,以《彖》《象》《文言》释经,而荀氏据爻象承应阴阳变化之义解说经意,是否为费之正传,亦不可知。郑《易》较为简单,恐亦非费氏正传。今学《易》者多依王弼之注,弼本费《易》,以文字论,费《易》无脱文,当为可信。余谓论《易》,只可如此而已。

此外,《古论语》不可见,今所传者,古、齐、鲁杂糅。《孝经》但存今文。关于典章制度事实之不同者,须依古文为准。至寻常修身之语,今古文无大差别,则《论语》《孝经》之类,不必问其为古文或今文也。

十四博士皆今文,三国时始信古文。古文所以引起许多纠纷者,孔壁所得五十八篇之书,亡于汉末。西晋郑冲伪造二十五篇,今之孔氏《尚书》,即郑冲伪造之本。其中马、郑所本有者,未加窜改,所无者,即出郑冲伪造。又分虞书为《尧典》《舜典》二篇,分《皋陶谟》为《益稷》。《大禹谟》《五子之歌》《胤征》已亡,则补作三篇。既是伪作,不足置信。至汉人传《易》,是否《易》之正本不可知,后则王弼一家为费氏书。宋陈希夷辈造先天八卦、河洛诸图,传之邵康节,此乃荒谬之说。东序河图,既无人见,孔子亦叹河不出图,则后世何由知其象也。先天八卦,以说卦方位本离南坎北者,改为乾南坤北,则与观象观法而造八卦之说不相应。此与《尚书》伪古文,同不可信。至今日治《书》而信伪古文;言《易》而又河洛、先天,则所谓门外汉矣。然汉人以误传之说亦甚多。清儒用功较深,亦未入说经正轨,凡以其参杂今、古文故也。近孙诒让专讲《周礼》,为纯古文家。惜此等著述,至清末方见萌芽,如群经皆如此疏释,斯可谓入正轨矣。

尚书

《尚书》分六段讲：一，命名。二，孔子删《书》。三，秦焚《书》。四，汉今、古文之分。五，东晋古文。六，明清人说《尚书》者。

一、命名。周秦之《书》，但称曰《书》，无称《尚书》者。"尚书"之名，见于《史记·五帝本纪》《三代世表》及《儒林传》。《儒林传》云："伏生以二十九篇教于齐鲁之间，学者由是颇能言《尚书》。"又云："孔氏有古文《尚书》。"则今、古文皆称《尚书》也。何以称之曰《尚书》？伪孔《尚书序》云："以其上古之书，谓之《尚书》。"此言不始于伪孔，马融亦谓上古有虞氏之书，故曰《尚书》，而郑玄则以为孔子尊而命之曰《尚书》。然孔子既命之曰《尚书》，何以孔子之后，伏生之前，传记子书无言《尚书》者？恐《尚书》非孔子名之，汉人名之耳。何以汉人名之曰《尚书》？盖仅一"书"字不能成名，故为此累言尔。《书》包虞、夏、商、周四代文告，马融独称虞者，因《书》以《尧典》《舜典》开端，故据以为名。亦犹《仪礼》汉人称《士礼》耳。哀平以后，纬书渐出，有所谓《中候》者。此荒谬之说，不足具论。要之《尚书》命名，以马融说为最当。

二、删书。孔子删《书》，以何为凭？曰，以《书序》为凭。《书序》所有，皆孔子所录也。然何以知孔子删《书》而为百篇，焉知非本是百篇而孔子依次录耶？曰，有《逸周书》在，可证《尚书》本不止百篇也。且《左传》载封伯禽、封唐叔皆有诰。今《书》无之，是必为孔子所删矣。至于《书》之有序，与《易》之有《序卦》同。《序卦》孔子所作，故汉人亦以《书序》为孔子作。他且勿论，但观《史记·孔子世家》曰："孔子序《书传》，上纪唐虞之际，下至秦缪，编次其事。"是太史公已以《书序》为孔子作矣。《汉书·艺文志》本向、歆《七略》，亦曰："《书》之所起远矣，至孔子纂焉，上断于尧，下讫于秦，凡百篇，而为之序。"是刘氏父子亦以《书序》为孔子作矣。汉人说经，于此并无异词。然古文《尚书》自当有序，今文则当无序，而今《熹平石经》残石，《书》亦有序，甚可疑也。或者今人伪造之耳。何以疑今文《尚书序》伪也？刘歆欲立古文时，今文家诸博士不肯，谓《尚书》惟有二十八篇，不信本有百篇，如有《书序》，则不至以《尚书》为备矣。《书序》有数篇同序，亦有一篇一序者。《尧典》《舜典》，一篇一序也。《大禹谟》《皋陶》《弃稷》三篇同序也。数篇同序者，《书序》所习见，然扬子《法言》曰："昔之说《书》者序以百，而《酒诰》之篇俄空焉。"

盖《康诰》《酒诰》《梓材》三篇同序,而扬子以为仅《康诰》有序,《酒诰》无序。或者《尚书》真有无序之篇,以《酒诰》为无序,则《梓材》亦无序。今观《康诰》曰:"周公咸勤乃洪大诰治。王若曰,孟侯,朕其弟,小子封。""王"者,周公代王自称之词,故曰孟侯朕其弟矣。《酒诰》称:"成王若曰,明大命于妹邦。"今文如此,古文马、郑、王本亦然。马融之意,以为"成"字后录者加之。然康叔始封而作《康诰》,与成王即政而作《酒诰》,年代相去甚久,不当并为一序。故扬子以为"《酒诰》之篇俄空焉"。不但《酒诰》之序俄空,即《梓材》亦不能确知为何人之语也。

汉时古文家皆以《书序》为孔子作,唐人作《五经正义》时,并无异词。宋初亦无异词。朱晦庵出,忽然生疑。蔡沈作《集传》,遂屏《书序》而不载。晦庵说经,本多荒谬之言,于《诗》不信小序,于《尚书》亦不信有序。《后汉书》称卫宏作《诗序》。卫宏之序,是否即小序,今不可知,晦庵以此为疑,犹可说也。《书序》向来无疑之者,乃据《康诰》"王若曰孟侯朕其弟"一语而疑之,以为如"王"为成王,则不应称康叔为弟。如为周公,则周公不应称王,心拟武王。而《书序》明言"成王既伐管叔、蔡叔,以殷余民封康叔",知其事必在武康叛灭之后,决非武王时事。无可奈何,乃云《书序》伪造。不知古今殊世,后世一切官职皆可代理,惟王不可代;古人视王亦如官吏,未尝不可代。生于后世,不能再见古人。如生民国,见内阁摄政,而布告署大总统令,则可释然于周公之事矣。《诗》是文言,必须有序,乃可知作诗之旨。《书》本叙事,似不必有序。然《尚书》有无头无尾之语，如《甘誓》"大战于甘，乃召六卿"，未明言谁与谁大战。又称"王曰，嗟六事之人，予誓告汝，有扈氏威侮五行，怠弃三正"，亦不明言王之为谁。如无《书序》，"启与有扈战于甘之野"一语，真似冥冥长夜，终古不晓矣。

《商书序》称王必举其名，本文亦然。《周书》与《夏书》相似，王之为谁，皆不可知。《吕刑》穆王时作，本文但言王享国百年，《序》始明言穆王。如不读《序》，从何知为穆王哉！是故《书》无序亦不可解。自虞夏至孔子时，《书》虽未有序，亦必有目录之类，历古相传，故孔子得据以为去取，否则孔子将何以删《书》也？《书序》文义古奥，不若《诗序》之平易，决非汉人所能伪造。自《史记》已录《书序》原文，太史公受古文于孔安国，安国得之壁中，则壁中《书》已有序矣。然自宋至明，读《尚书》者，皆不重《书序》，梅鷟首发伪古文之复，亦以《书序》为疑。习非胜是，虽贤者亦不能免。不有清儒，则《书序》之疑，至今仍如冥冥长夜尔。

孔子删《书》，传之何人，未见明文。《易》与《春秋》三传，为说不同，其传授源流皆可考。《诗》《书》《礼》则不可知。盖《诗》《书》《礼》《乐》，古人以之教士，民间明习者众。孔子删《书》之时，习《书》者世多有之，故不必明言传于何人。《周易》《春秋》特明言传授者，《易》本卜筮之书，《春秋》为国之大典，其事秘密，不以教士，而孔子独以为教，故须明言为传授也。伏生《尚书》，何从受之不可知。孔壁古文既出，孔安国读之而能通。安国本受《尚书》于申公，申公但有传《诗》、传《谷梁》之说，其传《尚书》事,不载本传,何所受学,亦不可知。盖七国时通《尚书》者尚多,故无须特为标榜耳。

孔子删《书》百篇之余为《逸周书》。今考《汉书·律历志》所引《武成》,与《逸周书·世俘解》词句相近,疑《世俘解》即《武成篇》。又《箕子》一篇,录入《逸周书》,今不可见,疑即今之《洪范》。逸书与百篇之书文字出入,并非篇篇不同。盖《尚书》过多,以之教士,恐人未能毕读,不得不加以删节,亦如后之作史者,不能将前人实录字字录之也。删《书》之故,不过如此。虽云《书》以道事,然以其为孔子所删,而谓篇篇皆是大经大法,可以为后世模楷,正未必然。即实论之,《尚书》不过片断之史料而已。

三,秦焚书。秦之焚书,《尚书》受厄最甚。揆秦之意,何尝不欲全灭《六经》。无如《诗》乃口诵,易于流传。《礼》在当时,已不甚行,不须严令焚之,故禁令独重《诗》《书》,而不及《礼》。盖《诗》《书》所载,皆前代史迹,可作以古非今之资,《礼》《乐》,都不甚相关。《春秋》事迹最近,最为所忌,特以柱下史张苍藏《左传》,故全书无缺。《公羊传》如今之讲义,师弟问答,未著竹帛,无从烧之。《谷梁》与《公羊》相似,至申公乃有传授。《易》本卜筮,不禁。惟《尚书》文义古奥,不易熟读,故焚后传者少也。伏生所藏,究有若干篇,今不可知,所能读者二十九篇耳。孔壁序虽百篇,今不可知,所能读者二十九篇耳。孔壁序虽百篇,所藏止五十八篇。知《书》在秦时,已不全读,如其全读,何不全数藏之。盖自荀卿隆礼仪而杀《诗》《书》,百篇之书,全读者已少,故壁中《书》止藏五十八篇也。此犹《诗》在汉初虽未缺,而治之者或为《雅》,或为《颂》,鲜有理全经者。又《毛传》《鲁诗》,皆以《国风》《大雅》《小雅》《颂》为四始,而《齐诗》以水、木、火、金为四始。其言卯、酉、午、戌、亥五际,亦但取《小雅》《大雅》而不及《颂》。盖杀《诗》《书》之影响如此。然则百篇之《书》,自孔壁已不具。近人好生异论,盖导原于郑樵。郑樵之意以为秦之焚书,但焚民间之书。不焚博士官所藏。其实郑樵误读《史记》文句,故有此说。《史记》载李斯奏云:"臣请史官非秦记皆烧之,非博士官所职,天下敢有藏《诗》《书》、百家语者,悉诣守尉杂烧之。"此文本应读:"天下敢有藏《诗》《书》、百家语非博士官所职者",何以知之?以李斯之请烧书,本为反对博士淳于越,岂有民间不许藏《诗》《书》,而博士反得藏之之理?《叔孙通传》,陈胜起山东,二世召博士诸生问曰:'楚戍卒攻蕲入陈,于公如何?'博士诸生三十余人前,曰:"人臣无将,将即反,罪死无赦。愿陛下急发兵击之。"二世怒作色。叔孙通前,曰:"诸生言皆非也。明主在其上,法令具于下,人人奉职,四方辐辏,安敢有反者!此特群盗鼠窃狗盗耳。"二世喜曰:"善!"令御史案诸生言反者下吏,曰非所宜言。今案"人臣无将"二语,见《公羊传》。于是《公羊》尚未著竹帛,然犹以非所宜言得罪,假如称引《诗》《书》,其罪不更重哉!李斯明言"有敢偶语《诗》《书》者弃市",如何博士而可藏《诗》《书》哉。郑樵误读李斯奏语,乃为妄说。以归罪于项羽。近康有为之流,采郑说而发挥之。遂谓秦时六经本未烧尽，博士可藏《诗》《书》，伏生为秦博士，传《尚书》二十九篇，以《尚书》本止有二十九篇故。二十九篇之外，皆刘歆所伪造。余谓《书序》本有《汤诰》，壁中亦有《汤诰》原文，载《殷本纪》中。如谓二十九篇之外，皆是刘歆所造，则太史公焉得先采之。于是崔适谓《史记》所载不合二十九篇者，皆后人所加。由此说推之，凡古书不合己说者，无一不可云伪造。即谓尧舜是孔子所伪造，孔子是汉人所伪造，秦皇焚书之案亦汉人所伪造，迁、固之流皆后人所伪造，何所不可！充类至尽，则凡非目见而在百年以外者，皆不可信。凡引经典以古非今者，不必焚其书，而其书自废。呜呼！秦火之后，更有灭学之祸什佰于秦火者耶？

　　四，汉今古文之分。汉人传《书》者，伏生为今文，孔安国为古文，此人人所共知。《史记·儒林传》云："伏生故为秦博士，孝文时，欲求能治《尚书》者，天下无有，乃闻伏生能治，欲召之。时伏生年九十余，老不能行。于是乃诏太常使掌故晁错往受之。秦时禁书，伏生壁藏之。其后兵大起，流亡。汉定，伏生求其书，亡数十篇，独得二十九篇，即以教于齐鲁之间。"其叙《尚书》源流彰明如此，可知伏生所藏，原系古文，无所谓今文也。且所藏不止二十九篇，其余散失不可见耳。晁错本法吏，不习古文。伏生之徒张生、欧阳生辈，恐亦非卓绝之流，但能以隶书迻写而已，以故二十九篇变而为今文也。其后刘向以中古文校伏生之《书》，《酒诰》脱简一，《召诰》脱简二，文字异者七百有余。文字之异，或由于张生、欧阳生等传写有误，脱简则当由壁藏断烂，然据此可知郑樵、康有为辈以为秦火不焚博士之书谬。如博士之书可以不焚,伏生何必壁藏之耶?

《儒林传》称伏生得二十九篇,而刘歆《移让太常博士》云:"《泰誓》后得,博士而赞之。"又《论衡·正说篇》云:"孝宣皇帝时,河内女子发老屋,得逸《易》《礼》《尚书》各益一篇,而《尚书》二十九篇始定。"然则伏生所得本二十九篇乎?抑二十八篇乎?余谓太史公已明言二十九篇,则二十九篇之说当可信。今观《尚书大传》,有引《泰誓》语。《周本纪》《齐世家》亦有之。武帝时董仲舒、司马相如、终军辈,均太初以前人,亦引《泰誓》。由此可知,伏生本有二十九篇,不待武帝末与宣帝时始为二十九篇也。意者伏生所传之《泰誓》,或脱烂不全,至河内女子发屋,才得全本。今观汉、唐人所引,颇有出《尚书大传》外者,可见以河内女子补之,《泰誓》始全也。马融辈以为《左传》《国语》《孟子》所引皆非今人之《泰誓》。《泰誓》称白鱼跃入王舟,火流为乌,语近神怪,以此疑今之《泰誓》。然如以今之《泰誓》为伏生所伪造,则非也。河内女子所得者,秦以前所藏,亦非伪造。以余观之,今之《泰誓》,盖当时解释《泰誓》者之言。《周语》有《泰誓故》,疑伏生所述,即《泰誓故》也。不得《泰誓》,以《泰誓故》补之,亦犹《考工记》之补《冬官》矣。然《泰誓》之文,确有可疑者。所称八百诸侯,不召自来,不期同时,不谋同辞,何其诞也!武王伐纣如有征调,当先下令。不征调而自来,不令而同时俱至,事越常理,振古希闻。据《乐记》,孔子与宾牟贾论大武之言曰:"久立于缀,以待诸侯之至也。"可见诸侯毕会,亦非易事。焉得八百诸侯,同时自来之事耶！此殆解释《泰誓》者张大其辞，以耸人听闻耳。据《牧誓》，武王伐纣，虽有友邦冢君，然誓曰："逖矣，西土之人。"可知非西土之人，武王所不用也。又曰"庸蜀羌髳微卢彭濮人。"庸、蜀、羌、髳、微、卢、彭、濮，均在周之南部，武王但用此南部之人，而不用诸侯之师者，以庸、蜀诸师本在西方，亲加训练，而东方诸侯之师，非其所训练者也。所以召东方诸侯者，不过壮声势扬威武而已。又观兵之说，亦不可信。岂有诸侯既会，皆曰可伐，而武王必待天命，忽然还师之理乎！是故伏生《泰誓》不可信。若以《泰誓故》视之，亦如《三国志》注采《魏略》《曹瞒传》之类，未始可不为参考之助也。《泰誓》亦有今古文之别。"流为乌"，郑注："古文乌为雕。"盖古文者，河内女子所发；今文者，伏生所传也。伏生发藏之后，张生、欧阳生传之。据《史记·娄敬传》，高帝时，娄敬已引"八百诸侯"之语。又《陆贾传》称陆生时时前称说《诗》《书》，可见汉初尚有人知《尚书》者，盖娄敬、陆贾早岁诵习而晚失其书。故《儒林传》云"孝文时求为《尚书》者，天下无有"。"无有"者，必无其书耳。然《贾谊传》称，谊年十八，以能诵《诗》属《书》闻于郡中。其时在文帝之前。《诗》本讽诵在口，《尚书》则在篇籍矣。可知当时传《书》者，不仅伏生一人，特伏生为秦博士，故著名尔。

《尚书》在景帝以前，流传者皆今文。武帝初，鲁恭王坏孔子宅，得古文《尚书》，孔安国献之。孔安国何以能通古文《尚书》？以其本治《尚书》也。伏生传《书》之后，未得壁经之前，《史记》

称鲁周霸、孔安国、洛阳贾嘉颇能言《尚书》事。孔安国为博士，以《书》教授。儿宽初受业于欧阳生，后又受业于安国。所以然者，以欧阳生本与孔安国本不同耳。儿宽之徒，为欧阳高，大小夏侯。欧阳，大、小夏侯三家，本之儿宽，而儿宽本之孔安国。孔安国非本之伏生，则汉之所谓今文《尚书》者，名为伏生所传。实非伏生所传也。三家《尚书》，亦有孔安国说，今谓三家悉伏生，未尽当也。今文《尚书》之名见称于世，始于三国，而非始于汉人。人皆据《史记·儒林传》"孔氏有古文《尚书》，而安国以今文读之"一语，谓孔安国以今文《尚书》翻译古文，此实不然。《汉书》称孔安国"以今文字读之"，谓以隶书读古文耳。孔安国所得者为五十八篇，较伏生二十九篇分为三十四篇者，实多二十四篇。二十四篇中《九共》九篇，故汉人通称为十六篇。孔安国既以今文字读之，而《史记》又谓《逸书》得十余篇，《尚书》兹多于是。可知孔安国非以伏生之书读古文也，盖汉初人读古文者犹多，本不须伏生之《书》对勘也。

孔安国之《书》，授都尉朝，都尉朝授胶东庸生，庸生授胡常，常授徐敖，敖授王璜、涂恽。自孔至王、涂，凡五传。王涂至王莽时，古文《尚书》立于学官。涂传东汉贾徽。太史公从孔安国问，《汉书》称迁书载《尧典》《禹贡》《洪范》《微子》《金縢》诸篇多古文说。然太史公所传者，不以伏生之《书》为限。故《汤诰》一篇，《殷本纪》载之。

哀帝时，刘歆欲以古文《尚书》立学官，博士不肯，歆移书让之。王莽时，乃立于学官。莽败，说虽不传，书则具存。盖古文本为竹简,经莽乱而散失,其存者惟传钞本耳。东汉杜林,于西州得漆书一篇,林宝爱之,以传卫宏、徐巡,后汉讲古文者自此始。其后,马融、郑玄注《尚书》,但注伏生所有,不注伏生所无。于孔安国五十八篇不全注。马融受之何人不可知,惟贾逵受《书》于父徽,逵弟子许慎作《说文解字》,是故《说文》所称古文《尚书》,当较马、郑为可信,然其中亦有异同。今欲求安国正传,惟《史记》耳。《汉书》云,迁书《尧典》五篇为古文说。然《五帝本纪》所载《尧典》,与后人所说不同。所以然者,杜林所读与孔安国本人不甚同也。《说文》"国"下称"《尚书》曰,圛升云,半有半无。"据郑玄注,称古文《尚书》以弟为国。而《宋微子世家》引《洪范》"曰雨、曰济、曰涕",字作"涕"。是太史公承孔安国正传,孔安国作"涕"。而东汉人读之为"国",恐是承用今文,非古文也。自清以来,治《尚书》者皆以马、郑为宗,段玉裁作《古文尚书撰异》,以为马、郑是真古文,太史公是今文。不知太史公之治古文,《汉书》具有明文。以马、郑异读,故生异说耳。

古文家所读,时亦谓之古文。此义为余所摘发。治古文者,不可不知。盖古文家传经,必依原本钞写一通,马融本当犹近真,郑玄本则多改字。古文真本今不可见,惟有《三体石经》尚见一斑。《三体石经》为邯郸淳所书,淳师度尚,尚治古文《尚书》。邯郸淳之本,实由度尚而来。据卫恒《四体书势》称,魏世传古文者,惟邯郸淳一人。何以仅得邯郸淳一人,而郑玄之徒无有传者?盖郑玄晚年,书多腐敝,不得于礼堂写定,传与其人。故传古文者,仅一邯郸淳也。今观《三体石经》残石，上一字为古文，中一字为篆文，下一字为隶书。篆书往往与上一字古文不同，盖篆书即古文家所读之字矣。例始《三体石经·无逸篇》，"中宗"之"中"，上一字为"中"，下一字为"仲"，此即古文家读，"中，仲也"。考《华山碑》，亦称宣帝为"仲宗"。欧阳修疑为好奇，实则汉人本读"中"为"仲"也。

今文为欧阳，大、小夏侯为三家，传至三国而绝，然蔡邕《熹平石经》犹依今文。今欲研究今文，只可求之《汉书》《后汉书》及汉碑所引。然汉碑所引，恐亦有古文在。

五，东晋古文。今之《尚书》，乃东晋之伪古文，更分《皋陶谟》为《益稷》，又改作《泰誓》，此外又伪造二十五篇。不但伪造经，且伪造传。自西晋开始伪造以后，更四十余年，至东晋梅赜始献之。字体以古文作隶书，名曰隶古定。人以其多古字，且与三体石经相近，遂信以为真孔氏之传，于是，众皆传之。甚至孔颖达作《尚书正义》，亦以马、郑为今文矣。

梅赜献书之时，缺《舜典》一篇，分《尧典》"慎徽五典"以下为《舜典》之首。至齐建武四年姚方兴献《舜典》，于"慎徽五典"之上加"曰若稽古，帝舜"等十二字，而梁武帝时为博士，议曰："孔序称伏生误合五篇，皆文相承接，所以致误。"《舜典》首有"曰若稽古"，伏生虽错耄，何容合之？遂不行用。然其后江南皆信梅书，惟北朝犹用郑本耳。隋一天下，采南朝经说，乃纯用东晋古文，即姚方兴十二字本也。其后又不知如何增为二十八字，今注疏本是已。

东晋古文,又有今文、古文之分,以隶古定传授不易,故改用今文写之,传之者有范宵等。唐玄宗时,卫包以古文本改为今文,用隶书写之,唐石经即依是本,然《经典释文》犹未改也。唐宋间亦多有引古文《尚书》者,如颜师古之《匡谬正俗》,玄应之《一切经音义》,郭忠恕之《汗简》,徐锴之《说文系传》皆是。宋仁宗时,宋次道得古文《尚书》,传至南宋,薛季宣据以作训,而段玉裁以为宋人假造,然以校《汗简》及足利本《尚书》,均符合。要之,真正古文,惟三体石经可据。东晋古文则以薛季宣本、敦煌本、足利本为可据耳。

六、明清人说《尚书》者。明正德时,梅鷟始攻东晋古文之伪。梅鷟之前,吴棫、朱熹,亦尝疑之,以为岂有古文反较今文易读之理?至梅鷟出,证据乃备。清康熙时,阎若璩作《古文尚书疏证》,始知郑康成《尚书》为真本。阎氏谓《孟子》引父母使舜完廪一段,为《舜典》之文,此说当确。惠栋《古文尚书考》,较阎氏为简要。其弟子江声,作《尚书集注音疏》,于今文、古文不加分别。古文"钦明文思安安",今文作"钦明文塞宴宴",东晋古文犹作"钦明文思安安"。江氏不信东晋古文,宁改为"文塞宴宴"。于是王鸣盛作《尚书后案》,一以郑康成为主,所不同者,概行驳斥,虽较江为可信,亦非治经之道。至孙星衍作《尚书今古文注疏》,古文采马、郑本,今文采两《汉书》所引,虽优于王之墨守,然其所疏释,于本文未能联贯。盖孙氏学力有余,而识见不足,故有此病。今人以为孙书完备,此亦短中取长耳。要之,清儒之治《尚书》者,均不足取也。今文家以陈寿祺、乔枞父子为优。凡汉人《书》说皆入网罗，并不全篇下注，亦不问其上下文义合与不合。所考今文，尚无大谬。其后魏源作《书古微》，最为荒谬。魏源于陈氏父子之书，恐未全见，自以为采辑今文，其实亦不尽合。源本非经学专家，晚年始以治经为名，犹不足怪。近皮锡瑞所著，采陈氏书甚多。陈氏并无今古是否之论，其意在网罗散失而已。皮氏则以为今文皆是，古文皆非。其最荒谬者，《史记》明引《汤诰》，太史公亦明言"年十岁，诵古文"，而皮氏以为此所谓古文，乃汉以前之书，非古文《尚书》也。此诚不知而妄作矣。

古文残阙，《三体石经》存字无几，其他引马、郑之言，亦已无多，然犹有马、郑之绪余在。今日治《书》，且当依薛季宣《古文训》及日本足利本古文，删去伪孔所造二十五篇，则本文已足。至训释一事，当以"古文《尚书》读应《尔雅》"一言为准。以《尔雅》释《书》，十可得其七八，斯亦可矣。王引之《经义述闻》，解《尚书》者近百条，近孙诒让作《尚书骈枝》，亦有六七十条，义均明确，犹有不合处。余有《古文尚书拾遗》，自觉较江、王、孙三家略胜，然全书总未能通释，此有待后贤之研讨矣。

古人有言："昔吾有先正，其言明且清。"训诂之道，虽有古今之异，然造语行文，无甚差池，古人决不至故作不可解之语。故今日治《书》，当先求通文理。如文理不通，而高谈微言大义，失之远矣。不但治经如此，读古书无不如此也。

诗经

《虞书》曰："诗言志，歌永言，声依永，律和声。"先有志而后有诗。诗者，志之所发也。然有志亦可发为文。诗之异于文者，以其可歌也。所谓"歌永言"，即诗与文不同之处。"永"者，延长其音也。延长其音，而有高下洪纤之别，遂生宫、商、角、徵、羽之名。"律"者，所以定声音也。既须永言，又须依永，于是不得不有韵。诗之有韵，即由"歌永言"来。

《虞书》载"元首明哉，股肱良哉，庶事康哉"，"元首丛脞哉，股肱惰哉，万事堕哉"二歌，可见尧、舜时已有诗。《尚书大传》有《卿云之歌》，汉初人语，未必可信。《乐记》云："舜作五弦之琴以歌《南风》。"今所传《南风歌》，出王肃《家语》，他无所见，亦不可信。唐虞之诗，要以二《典》所载为可信耳。郑康成《诗谱序》云："有夏承之，篇章泯弃，靡有孑遗。"而今《尚书》载《五子之歌》，可知其为晋人伪造也。《诗谱序》又云："降及商王，不风不雅。"此谓商但有《颂》，《风》《雅》不可见矣。《周礼·太师》："教六诗：曰风、曰赋、曰比、曰兴、曰雅、曰颂。"赋、比、兴与风、雅、颂并列，则为诗体无疑。今《毛传》言"兴"者甚多，恐非赋比、兴之"兴"耳。赋体后世盛行，《毛传》以"升高能赋"为九能之一，谓之德音。周末屈原、荀卿俱有赋。赋既在风、雅、颂之外，比、兴当亦若是。惟孔子删诗，存风、雅、颂而去赋、比、兴。《郑志》答张逸问："赋、比、兴，吴札观诗已不歌。"盖不歌而诵谓之赋，赋不可歌，与风、雅、颂异，故季札不得闻也。赋、比、兴之外，又有"九德之歌"。《左传》却缺曰："九功之德，皆可歌也，谓之九歌。六府三事，谓之九功。水、火、金、木、土、谷，谓之六府；正德、利用、厚生谓之三事。"合之为十五种，今《诗》仅存风、雅、颂三种。

《诗大序》："风，讽也。""雅，正也。""颂者，美盛德之形容，以其成功告于神明者也。"风，有讽谕之义。雅之训正，读若《尔雅》之"雅"。然风雅颂之"雅"，恐本不训"正"。《说文》："疋，古文以为《诗·大雅》字。"一曰，疋，记也。"疋"即今"疏"字。然则诗之称"疋"，纪事之谓，亦犹后世称杜工部诗曰"诗史"。故《大雅》《小雅》无非纪事之诗，或谓"雅"即"雅乌"。孔子曰："乌，盱呼也。"李斯《谏逐客书》："击瓮叩缶，弹筝搏髀，而歌呼呜呜快耳者，真秦之声也。"杨恽《报孙会宗书》"家本秦也，能为秦声"，"仰无抚缶，而呼呜呜。"秦本周地，故大、小雅皆以"雅"名。此亦可备一说。余意《说文》训"疋"为"记"，乃"雅"之正义，以其性质言也；"雅乌"可为雅之别一义，以其声调言也。至"正"之一训，乃后起之义。盖以雅为正调,故释之曰正耳。

《诗》以四言为主,取其可歌。然亦有二言、三言以至九言者,惟不多见耳。今按,"肇禋",二言也;"洞酌彼行潦挹彼注兹",九言也。一言太短,不可以歌,故《三百篇》无一言之诗。然梁鸿《五噫之歌》曰:"陟彼北芒兮,噫!顾览帝京兮,噫!宫室崔嵬兮,噫!人之劬劳兮,噫!辽辽未央兮,噫!"则一言未始不可成句。或者"三百篇"中偶然无一言之句耳,非一言之句必不可歌也。

《诗经》而后,四言渐少。汉世五言盛行,唐则七言为多。八言、九言,偶一为之,三言惟汉《郊祀歌》用之。六言亦不多见。《汉书》所录汉之四言之作,有韦孟《谏诗》一首,《在邹诗》一首,韦玄成《自责诗》一首、《戒子孙诗》一首。西汉之作,传于世者,尽于此矣。魏武帝作短歌,犹用四言,虽格调有异《诗经》,然犹有霸气。至《文选》所录魏、晋间四言之作,语多迂腐。自是之后,四言衰歇,五言盛行。李白谓"兴寄深微,五言不如四言,七言尤其靡也",然所作《雪谗诗》讥刺杨妃,有乖敦厚之义,或故为大言以欺人耳。又杂言一体,《诗经》所有,汉乐府往往用之,唐人歌行亦用之。夫抒写性情,贵在自由,不宜过于拘束,如必句句字数相同,或不能发挥尽致。故杂言之作,未为不可。今人创新体诗,以杂言为主,可也,但无韵终不成诗耳。

太史公谓古诗三千余篇,盖合六诗、九德之歌言之。孔子删《诗》,仅取三百余篇,盖以古诗过多,不能全读,故删之尔,或必其余皆不足观也。或谓孔子删《诗》与昭明之作《文选》有异,余意不然。

《文选》为总集,《诗经》亦总集,性质正复相似。所谓"自卫反鲁,然后乐正,《雅》《颂》各得其所"者,决非未正以前,《雅》入《颂》《颂》入《雅》也。《雅》主记事,篇幅舒长;《颂》主赞美,章节简短。但观形式,已易辨别。且其声调又不同,何至相乱,或次序颠倒,孔子更定之耳。

　　《风》《雅》有正、变。《颂》无正、变。因《风》《雅》有美有刺,《颂》则有美无刺也。《鲁语》闵马父之言曰:"昔正考父校商之名颂十二篇于周太师,以《那》为首。"今《商颂》仅存五篇。其余七篇,或孔子时而已佚矣。据今《商颂》,有商初所作,亦有武丁时所作,而《周颂》皆成王时诗,后则无有。《孟子》曰:"由汤至于武丁,贤圣之君六七作。"故颂声未息,周则成王以后无贤圣也。或以《鲁颂》为僭天子之礼。若然,孔子当屏而不录。孔子录之,将何以说?案《周官·籥章》,吹豳诗以逆暑迎寒,吹豳雅以乐田畯,吹豳颂以息老物。同为《七月》之诗,而风、雅、颂异名者,歌诗之时,其声调三变尔。《豳风》非天子之诗,而可称"颂",则《鲁颂》称"颂"孔子录之,无可怪也。今观《泮水》《閟宫》之属,体制近雅而不近颂,若以雅为称,则无可讥矣。

　　《史记·孔子世家》称"三百五篇,孔子皆弦歌之,以求合《韶》《武》《雅》《颂》之音"。然则今之《诗经》在孔子时无一不可歌也。《汉书·礼乐志》云:"河间献王献雅乐,天子下大乐官常存肄之。"是其乐谱尚在。后则可歌者,惟《鹿鸣》《伐檀》等十二篇耳。近人以《鹿鸣》《伐檀》等谱一字一声,无抑扬高下之音,疑为唐人所作。然一字一声,不但《诗经》为然,宋词亦然,姜夔、张炎之谱可证也。一字之谱多声,始于元曲。古人未必如是。孔子曰:"放郑声。"又曰:"恶郑声之乱雅乐。"汉儒解"郑声",以为烦手踯躅之声。张仲景《伤寒论》云:"实则谵语,虚则郑声。""郑声"者,重语也,可见汉人皆读"郑"为"郑重"之郑,"郑"声,即一字而谱多声之谓。唐人所重十二诗之谱,一字一声,正是雅乐,无可致疑。

《诗》以口诵,至秦未焚。汉兴有齐、鲁、毛、韩四家。齐、鲁、韩三家无"笙诗",为三百五篇。毛有"笙诗",为三百十一篇。笙诗有其义而亡其辞,则四家篇数本相同也。所不同者,《小雅》"彼都人士,狐裘黄黄,其容不改,出言有章,行归于周,万民所望"数句,三家所无,而毛独有,此其最著者也。其余文字虽有异同,不如《尚书》今古文之甚。以《诗》为口诵,故无形近之讹耳。

《鲁诗》出自浮邱伯,申公传之,鲁人所传,故曰《鲁诗》。《齐诗》传自辕固生,齐人所传,故曰《齐诗》。《韩诗》传自韩婴,据姓为称,故曰《韩诗》。齐、韩二家,当汉景帝时,在《鲁诗》之后。《毛诗》者,毛公所传,故曰《毛诗》。相传毛公之学出自子夏。三国时吴徐整谓,子夏授高行子,高行子授薛仓子,薛仓子授帛妙子,帛妙子授河间人大毛公。毛公为《诗故训传》于家,授赵小人毛公,小毛公为河间献王博士。而陆玑则谓,子夏传曾申,申传魏人李克,李克传鲁人孟仲子,孟仲子传根牟子,根牟子传赵人孙卿子,孙卿子传鲁人大毛公。由徐整之说,则子夏五传而至大毛公。由陆玑之说,则子夏七传而至大毛公。所以参差者,二家之言，互有详略耳。

《毛诗·丝衣序》引高子曰："灵星之尸也。"《维天之命》传引孟仲子曰："大哉天命之无极，而美周之礼也。"《闵宫》传引孟仲子曰："是禘宫也。"高子、孟仲子，并见《孟子》七篇中。或疑高子即高行子，高行子为子夏弟子，不当与孟子同时。然赵岐注云，高子年长，或"高叟"即高行子矣。赵注又云，孟仲子，孟子之从昆弟，学于孟子者也。然则孟子长于《诗》《书》，故高子、孟仲子之说皆为毛公所引。

《汉书艺文志》谓："齐、鲁、韩三家，咸非《诗》之本义，与不得已，鲁最为近之。"又云："毛公之学，自谓子夏所传。"据此，知向、歆父子不信三家《诗》说。歆让太常博士，欲以《毛诗》立学官，而《七略》不称《毛诗》之优。今观四家之异同，其优劣可得而言。太史公言《关雎》之乱以为《风》始，《鹿鸣》为《小雅》始，《文王》为《大雅》始，《清庙》为《颂》始。其言与《诗大序》"《关雎》，风之始也"语同。《诗大序》但举《雅》《颂》之名，而不言《鹿鸣》为《小雅》始、《文王》为《大雅》始、《清庙》为《颂》始，但云"是谓四始，诗之至也"者，盖由"《关雎》《风》之始也"一语，可以类推其余耳。郑康成云："始者，王道兴衰之所由。"余谓毛意同史公，史公所引，多本《鲁诗》。《毛诗》传至荀子，《鲁诗》亦传自荀子，此其所以符合也。

《齐诗》与鲁、毛全异。萧望之、翼奉、匡衡同事后苍，治《齐诗》。翼奉有"五际""六情"之语，不及"四始"。《诗纬泛历枢》称四始有水、木、火、金之语，谓《大明》水始，《四牡》木始，《嘉鱼》火始，《鸿雁》金始，其言甚不可解。恐东汉人所造，非《齐诗》本义。匡衡上书称孔子论《诗》以《关雎》为始，此言与《毛传》相同，并无水、木、火、金之语。可知《泛历枢》为后人臆说也。衡奏议平正，奉则有怪诞之语，虽与衡同师，而别有发明矣。如以水、木、火、金说"四始"，则《齐诗》竟是神话。四始为《诗》之大义，而《齐诗》之说如此，以此知齐之不逮毛、鲁远也。然匡衡说《诗》，亦有胜于鲁、韩者。《鲁诗》说，周道缺，诗人本之衽席，《关雎》作。《齐诗》亦谓周康王后佩玉晏鸣，《关雎》叹之。匡衡上书，乃谓《周南》《召南》，被贤圣之化深，故笃于行，而廉于色，此非以《关雎》为刺诗矣。盖《齐诗》由辕固数传而至后苍。苍本传《礼》。《乡饮酒礼》，合乐《周南·关雎》《葛覃》《卷耳》。《燕礼》，歌乡乐《周南·关雎》《葛覃》《卷耳》。《仪礼》周公所定，已有《周南·关雎》，知《关雎》非康王时毕公所作。匡衡师事后苍，故其说《诗》长于鲁、韩也。

齐、鲁、韩三家《诗》序不传，而《毛序》全存。如《左传》隐三年："卫庄公娶于齐东宫得臣之妹，曰庄姜，美而无子，卫人所为赋《硕人》也。"闵二年："郑人恶高克，使帅师次于河上，久而弗召，师溃而归，高克奔陈，郑人为之赋《清人》。"文六年："秦伯任好卒，以子车氏之三子奄息、仲行、鍼虎为殉，皆秦之良也，国人哀之，为之赋《黄鸟》。"毛序所云，皆与《左传》符合，此毛之优于三家者也。又三家《诗》，皆有怪诞之语，毛则无有。

即如"履帝武敏歆",《尔雅》已有"敏,拇也"之训,而三家说皆谓姜嫄出野见巨人迹,践之身动如孕,而生后稷。《毛传》则以"疾"训"敏",以"帝"为高辛氏之帝,从于帝而见于天,将事齐敏,不信感生之说。又如"赫赫姜嫄,其德不回,上帝是依",若用感生之说,必谓上帝凭依姜嫄之身,降之精气,而《毛传》则谓上帝依其子孙。又如"文王在上,于昭于天,文王陟降,在帝左右",《毛传》之前,《墨子·明鬼》已引此诗,谓若鬼神无有,则文王既死,岂能在帝之左右哉!而《毛传》则谓文王在民上,文王升接天,下接人,一扫向来神怪之说。盖自荀子作《天论》,谓圣人不求知天,神话于是摧破。《毛诗》为荀卿所传,即此可征。

《大序》相传子夏所作,《小序》毛公所作。郑康成之意,谓《小序》发端句子夏作,其下则后人所益,或毛公作也。今按,《序》引高子曰"灵星之尸也",此语自当出子夏之后矣。《卫宏传》有"作诗序"语,故《释文》或云《小序》是东海卫敬仲所作。然卫宏先康成仅百年,如《小序》果为宏作,康成不容不知。由今思之,殆宏别为《毛诗序》,不与此同,而不传于后。或宏撰次《诗序》于每篇之首,亦通谓之作耳。汉人专说《毛诗》者,今存《郑笺》一种。马融《毛诗传》散佚已久,今可见者,惟《生民》篇《正义》所引言帝喾事为最详耳。

朱晦庵误解"郑声淫"一语,以为"郑风"皆淫,于是刺忽之诗,皆释为淫奔之作。陈止斋笑晦庵以"彤管"为行淫之具,"城阙"为偷期之所,今《集传》《静女》中无此语,盖晦庵自觉其非而删之矣。凡《小序》言刺者，晦庵一概目为淫人自道之词。自来淫人自道之词未尝无有，如六朝歌谣之类，恐未可以例《国风》。若《郑风》而为淫人自道之词，显背"无邪"之旨，孔子何以取之？昔昭明编辑《文选》，于六朝狎邪之诗，摈而不录。《高唐》《神女》《洛神》之属，别有托意，故录之。昭明作《陶渊明集序》，谓《闲情》一赋，白璧微瑕。昭明尚然，何况孔子？晦庵之言，亦无知而妄作尔。

自晦庵作《集传》，说《诗》之风大变。清陈启源作《毛诗稽古编》，反驳晦庵，其功不可没。后之治《毛诗》者，桐城马瑞辰作《毛诗传笺通释》，泾县胡承珙作《毛诗后笺》，长洲陈奂作《诗毛氏传疏》。马氏并重《传》《笺》，胡氏从《传》而不甚从《笺》，陈氏则全依《毛传》。治三家诗者，王应麟后，清有陈寿祺、乔枞父子。乔枞好为牵附，谓《仪礼》引《诗》说，皆《齐诗》说。又谓《尔雅》为《鲁诗》之学，恐皆未然。要之陈氏父子，虽识见未足，然网罗放失之功，亦不可没。其后，魏源作《诗古微》，全主三家。三家无序，其说流传又少，合之不过三十篇，谓之"古微"，其实逞臆之谈耳。

今治《诗经》，不得不依《毛传》，以其序之完全无缺也。《诗》若无序，则作诗之本意已不明，更无可说。三家《诗》序存者无几，无从求其大义矣。戴东原作《毛郑诗考证》，东原长于训诂之学，而信服晦庵，故考证未能全备。东原之外，治诗者皆宗《毛传》，陈氏父子，不过网罗放失而已。

三礼

《孝经》曰:"安上治民,莫善于礼。"《左传》曰:"礼,经国家,定社稷,序民人,利后嗣。"今案《仪礼》与安上治民有关,《周礼》则经国家、定社稷之书也。《周礼》初出曰《周官经》,刘歆始改称《周礼》,然《七略》犹曰《周官》,《汉书·艺文志》仍之。马融训释之作,亦称《周官传》。至郑康成以《周礼》名之,合《仪礼》《小戴记》为三《礼》。三"礼"之名,自郑氏始。今若以《大戴礼》合之,当称"四礼"。称"三礼"者,沿郑氏注也。

贾公彦序《周礼》废兴,引马融传,称刘歆末年,知周公致太平之迹俱在《周官》。然当时今文家不肯置信,林硕以为黩乱不验之书,何休以为战国阴谋之书。今观《周礼》,知刘歆之言不谬。惟其书非一时一人之作,盖如历代会典,屡有增损。创始之功,首推周公。增损之笔,终于穆王耳。

今《逸周书》有《职方篇》,为穆王时作。而其文见于《周礼·夏官》，知周公以后、穆王以前，《周礼》一书，时有修改。穆王以后，则未见修改之迹也。何以言之？曰，《周礼》司刑掌五刑之法，墨罪五百，劓罪五百，宫罪五百，刖罪五百，杀罪五百，合二千五百条。而穆王作《吕刑》，称五刑之属三千，较《周礼》多五百条。《吕刑》别行，以此知穆王晚年，已不改《周礼》也。《左传》子革曰："昔穆王欲肆其心，周行天下，将皆必有车辙马迹焉。"今《穆天子传》真伪未可知，然穆王好大喜功，观《职方氏》一篇可知也。《职方氏》言中国疆域，东西南北，相距万里。方千里曰王畿，其外方五百里曰侯服，又其外方五百里曰甸服，又其外方五百里曰男服，又其外方五百里曰采服，又其外方五百里曰卫服，又其外方五百里曰蛮服，又其外方五百里曰夷服，又其外方五百里曰镇服，又其外方五百里曰藩服。依此推算，自王城至藩服之边，东西南北均五千里，为方万里，积一万万方里。蛮服以内为九州，以外为蕃国。九州以内，方七千里，积四千九百万方里。非穆王之好大，何以至此。《康诰》曰："周公初基作新大邑于东国洛，四方民大和会，侯、甸、男、邦、采、卫。"是周公作洛时，无所谓要服。《康王之诰》称庶、邦、侯、甸、男、卫，亦无要服。不特此也，汉人迷信《王制》。《王制》曰："凡四海之内九州，州方千里。"郑注云："大界方三千里，三三而九，方千里者九也。其一为县内，余八各立一州，此殷制也。"余谓夏制不可知，殷制则不止方三千里。《酒诰》曰："自成汤咸至于帝乙，越在外服，侯甸男卫邦伯，罔敢湎于酒。"是周初之制与商制无甚差异，皆侯、甸、男、采、卫五等，无所谓要服也。要服本为蛮服，不在九州之内。穆王好大喜功，故《职方》之言如此。《大行人》朝贡一节，与《职方氏》相应，当亦穆王所改。若巾车掌公车之政令，革路以封四卫，木路以封蕃国，可见周初疆域，至卫服而止，无所谓要服，此穆王所未改者也。夷、镇、藩三服，地域渺茫，叛服不常，安知其必为五百里？要服去王城三千五百里，东西七千里，九州之大，恐无此数。

今中国本部，最北为独石口，当北纬四十一度半。极南至于琼州，当北纬十八度。其中南北相去二十三度半，为里四千七百，周尺今不可知，若以汉尺作准，汉尺存者有虑傂尺，虑傂尺一尺，合清营造尺七寸四分。尺度虽古今不同，里法则古今不异。古之五服六千里，以七四比之，当四千四百四十里，与今四千七百里不甚相远。穆王加要服为七千里，以今尺计之，则为五千一百八十里，较今长三四百里。此由今中国本部，北至独石口。而古者陕西北部之河套亦隶境内。河套之地，于汉为朔方、九原、定襄。如并朔方计之，当有五千一百八十里，恐穆王时疆域亦未大于今日也。《汉书地理志》："郡县北至朔方，南至交趾。"而云南北万三千三百六十八里，以今尺七四比之，有九千六百余里。自朔方以至日南，亦无此数。

自此以后，言地域者，皆称南北万里，东西九千里。其实中国本部无此数，此后世粗疏，更甚于《周礼》也。测量之不精，自周至明，相差不远，惟周人不甚夸大，汉以后夸大耳。

测量之法，古人未精。西晋裴秀作官图，盖尝测量矣。所以不准者，以不知北极出地之法也。唐贾耽作《华夷图》，及关中、陇石、山南、九州等图；至宋，略改郡县之名，刘豫阜昌七年刻之西安，一曰《禹迹图》，一曰《华夷图》，今尚完好。贾耽之作，亦由测量而来，然亦未准者，不知北极出地之法，一也；未免夸大，二也。北极出地之法，周人自未之知。因其不夸大，故所言里数与今相差不远耳。

管仲治齐，略变《周礼》之法。《小匡篇》及《齐语》并载桓公问为政之道，《管子》称："昔吾先王昭王、穆王世法文武之远绩，以成其名。"《周礼》至穆王乃定，此亦一证。又，《周礼》萍氏掌国之水禁，几酒、谨酒。其法不甚严厉，其职殆如今卫生警察。如言《周礼》之作在周公时，则萍氏显违《酒诰》之文。《酒诰》曰："群饮，汝勿佚，尽执拘以归于周，予其杀。"不仅几酒、谨酒而已。此亦可见《周礼》之屡有修改，盖百余年中，不知修改若干次矣。

六官之制，古无异论。清金鹗作《求古录礼说》，言六官之制，实始于周。《曲礼》云："天子之五官，曰司徒、司马、司空、司士、司寇。"此与《周官》不同，当为殷制。又云：王者设官，所以代天工，故其制必法乎天。三公以法三光，五官以法五行。引《左传》云："五行之官，是谓五官。木正曰句芒，火正曰祝融，金正曰蓐收，水正曰玄冥，土正曰后土。"明自少皞、颛顼以来皆五官。余谓少皞、颛顼之制，确为五官。前乎此则未可知。至商，恐已六官矣。《曲礼》之言，不知何据。郑注《礼记》凡与《周礼》不合者，皆曰夏殷之制。其实五官是否确为殷制，不可知也。余谓，与其据《曲礼》，不如据《论语》。《论语》云："君薨，百官总己以听于冢宰，三年。何必高宗，古人之皆然。"此所谓冢宰，当如《周官》之冢宰，为六官之首，否则，百官何以听之。冢宰于《周礼》曰太宰。太宰之名，不见虞、夏之书，殆起于商。《说文》云："宰，罪人在屋下执事者。从宀，从辛。辛，罪也。"具食之官，见于《左传》者曰宰夫，或曰膳宰。《汉书》有雍太宰，为五时具食上官。宰，本罪人之称，庖人具食，事近奴隶，故以"宰"为名。然太宰、小宰，位秩俱隆，而貤被宰名，当自伊尹始。《吕览·本味篇》称伊尹说汤以至味，极论水火调剂之事，周举天下鱼肉菜果之美，而结之曰：天子成则至味具。《史记·殷本纪》亦谓伊尹欲干汤而无由，乃为有莘氏媵臣，负鼎俎以滋味说汤，致于王道。二家之说，与《孟子》"伊尹以割烹要汤"符合。据《文选》李善注引鲁连子曰："伊尹负鼎佩刀以干汤，得意故尊宰舍。"盖伊尹参与帷幄之谋，权势虽尊，本职则卑。后以其功高而尊宰舍，故有太宰、冢宰之名耳。又《商颂》称伊尹为"阿衡"，《周书》曰"保衡"。保阿，女师也。阿，《说文》作"娿"，在女子曰保阿，在男子亦曰阿衡、保衡，其为媵同也。伊尹为媵臣，故尊保阿。伊尹为庖人，故尊宰舍。此说虽为孟子所不信，然其为实事至明。周因殷礼，故设太宰之官。今观太宰所属之官，与清之内务府不远。惟司会掌邦之六典、八法、八则之贰，以逆邦国都鄙官府之治。太府掌九贡、九赋、九功之贰，以受其货贿之人，为与国计有关。自余宫殿之官如宫正之属，禁掖之官如内宰之属，饮食之官如膳夫之属，衣服之官如司裘掌皮之属，皆清内务府所掌也。

周官三百六十，太宰所掌六十，位秩最崇。然治官之属，仅司会、大府为有关于国计者，以太宰本之殷制而来，其本职不过《周礼》膳夫、内宰二官。由饮食而兼司衣服，由禁掖而兼司宫殿。是故周官太宰无所不掌，而属员仍冗官耳。后儒不明此理，谓周公防宦官用事，故立此制。不知宦官用事，必不在贵族执政之世。周公时贵族执政，断无防及刑余擅权之理也。由此论之，天官冢宰，周袭殷制，后世未必可法。至春官宗伯主祭祀，非今之要职。地官司徒掌地方行政，兼司教育，如今内务、教育两部。夏官司马掌行军用兵，如今军政部。秋官司寇掌狱讼刑法，如今之司法部。皆立国要典，可资取法者也。

何以汉儒谓《周礼》为黩乱不验之书也？以汉初经师之说，与《周礼》不同，故排弃之耳。《马融传》云："秦自孝公以下，用商君之法，其政酷烈，与《周官》相反。故始皇禁挟书，特疾恶，欲绝灭之，搜求焚烧之独悉，是以隐藏百年。孝武帝始除挟书之律，开献书之路，既出于山岩屋壁，复入于秘府。五家之儒，莫得见焉。"案马谓秦烧《周礼》独悉，其言太过。秦所最恶者为《诗》《书》，而不及《礼》。孟子曰："诸侯恶其害己也，而皆去其籍。"可见《周礼》自七国时已不甚传，虽以孟子之贤，犹未之见。故其言封建与《周礼》全异。汉初儒者未见《周礼》，而孟之说流传已久，故深信不疑。又以贾谊有众建诸侯之论，故虽见《周礼》，亦不敢明说。

周之五百里，为今三百七十里。其封域不过江浙之一道，川云之一府。汉初王国之广，犹不止此。夏、商二代，封国狭小，故汤之始征，四方风靡。文王伐崇戡黎，为时亦暂。以四邻本非强大，故得指顾而定之也。《逸周书·世俘解》称武王翦商，灭国六百余。若非小国寡民，安得数月之间灭国六百余乎？周公有鉴于此，故大封宗室，取其均势，以为藩屏。其弊至于诸侯争霸，互相争伐，而天子不能禁。以视武丁朝诸侯有天下如运诸掌，本末之势，迥乎不同。由此可知商代封国尚无五百里之制也。贾谊患诸侯王尾大不掉，故不肯明征《周礼》。惟太史公《汉兴以来诸侯年表》云："封伯禽、康叔于鲁、卫，地各四百里。"《汉书·韩安国传》，王恢与安国论辨，称秦谬公都雍，地方三百里。并与《周礼》相应。盖史公但论史事，王恢不知忌讳，故直举之耳。然《孟子》之言，亦未为无据。周之封建，有功者，视其功之高下以为等级，无功则封地狭小。滕、薛皆侯国。滕，周所封。薛，夏所封。考其地不出今滕县一县，犹不及《孟子》所言之"百里"。齐、鲁、卫、燕，亦皆侯国，而封域不止四百里。盖于鲁、卫为褒有德，于齐、燕为尊勤劳，其地皆去周远，亦所以固吾圉也。以此知五百里、四百里之制，不过折衷言之，非不可斟酌损益也。明乎此义，则可知《周礼》非黩乱不验之书矣。至谓《周礼》为六国阴谋之书者，汉人信《孟子》，何休专讲《公羊》，故有此言耳。

后之论者，以王莽、王安石皆依《周礼》施政而败，故反对《周礼》。余谓二王致败之由，在不知《周礼》本非事事可法。即欲采取，只可师其意，而不可袭其迹。西汉之末，家给人足，天下乂安。莽之变法，可谓庸人扰之。宋神宗时，国势虽衰，民犹安乐，安石乃以变风俗、立法度为急，而其法又主于聚敛，宜其败矣。宇文周时，关陇残破，苏绰为六条诏书，奏施行之，曰先治心，曰敦教化，曰尽地利，曰擢贤良，曰恤狱讼，曰均赋役，盖亦以《周礼》为本。终能斫刁为朴，变奢从俭。隋及唐初，胥蒙其福。贞观之治，基础于此。夫变法之道，乱世用之则治，治世用之则乱，况《周礼》不尽可为后世法乎？陈止斋、叶水心尊信《周礼》，当南宋残破之时而行《周礼》，或有可致治之理，然不可行之今日。何者？今外患虽烈，犹未成南宋之局，若再变法，正恐治丝而益棼耳。

《中庸》云："礼仪三百，威仪三千。"《礼器》云："经礼三百，曲礼三千。"礼仪、经礼谓《周礼》也。威仪、曲礼，谓《仪礼》也。《仪礼》篇目不至有三千，故郑康成云，其中事仪三千。然《汉志》言礼自孔子时而不具。《杂记》言恤由之丧，哀公使孺悲之孔子学《士丧礼》，《士丧礼》于是乎书。然则在孔子时，《仪礼》早有亡失，"三百""三千"云者，约举其大数云尔。

秦燔书后，汉兴，高堂生传《士礼》十七篇。又于孔壁得《礼古经》五十六篇，其十七篇与高堂生所传同。《记》百三十一篇，七十子后学者所记。以古《礼》仅存五十六篇，故学者无不重视《礼记》。今五十六篇又散佚矣。汉儒说经，为《仪礼》作注者绝少。马融但注《丧服》一篇，至康成乃注全经。自汉末以逮西晋，注《丧服》者，无虑二三十家。而注全经者，仅王肃一人而已。

今人见《仪礼》仅存十七篇，以为《礼古经》五十六篇，除十七篇外，悉已散佚，此不然也。案《小戴记·投壶》《奔丧》二篇，郑目录云："实逸《曲礼》之正篇也。"又，《大戴记》之《诸侯迁庙》《诸侯衅庙》《公冠》三篇，皆当为逸礼之正篇。又郑注《内宰》，引《天子巡守礼》，注《司巫》《月令》引《中霤礼》，其文虽少，亦《礼古经》之正篇，当在五十六卷之数。依是数之，则十七篇外今可知者又有七篇，合之得二十四篇。《礼经》之文平易可读，汉儒所以不注者，或以其繁琐太甚，或以通习者不多。盖汉人治经谨慎，非有师授，不敢妄说。康成但注十七篇者，亦以三十九篇先师未有讲说故耳。

礼书序次，大、小戴及《别录》彼此不同。其以《士冠》《士昏》《士相见》为次，则三家未有违异。郑氏次第，悉依《别录》。其经文有今、古文之异者，郑于字从今者下注"古文作某"，从古者，下注"今文作某"。所谓今、古文，非立说有异，不过文字之异耳。

自汉以来，传《丧服》者独盛。《小戴记》论《丧服》者十余篇。《大戴记》亦有论丧服变除之言，见《通典》所引。古人三年之丧，未葬，服斩衰，居倚庐，寝苫枕块。既葬，齐衰，居垩室。小祥以后，衰裳练冠，居外寝；大祥则禫服素冠，出垩室，始居内寝。禫服三月之后，则以墨经白纬为冠，得佩纷帨之属，寝有床，犹别内。始饮醴酒。逾月复吉，三年之礼乃成。此即所谓丧服变除。盖古人居丧，兼居处饮食言之，非专系于冠服也。汉人居丧尚合古法，故能精讲《丧服》。

韩昌黎自比孟子，而言《仪礼》行于今者盖寡。沿袭不同，复之无由。考于今，诚无所用之，夫《仪礼》在后代可用者诚少，然昏礼，至今尚用纳采、问名、纳吉、纳征、请期、亲迎之名。丧礼，亦尚有古人遗意，冠礼，至唐已废。乡饮酒礼，六朝至唐仍沿用之。昌黎疏于《礼》，故为此言耳。

《丧服》一篇，自汉末以至六朝，讲究精密。《通典》录其论议，多至二三十卷。其中疑难，约有数端。出妻之子为母期，而嫁母之有服、无服，《仪礼》未有明文。或以为应视出母，或以为嫁由自绝，与被出有异。又为人后者，议论纷繁。《传》曰："为人后者孰后？后大宗也。"大宗不可以绝，故族人以支子后大宗。汉代王侯往往以无子国除，此不行古代"后大宗"之礼也。否则，王侯传国四五代，必有近支可承，何至无子国除。迨元始时，始令诸侯王、公、列侯、关内侯无子而有孙、若子、同产子者，皆得以为嗣。师古曰："子同产子者，谓养昆弟子之为子者。"如诸葛亮以兄子为子，皇甫谧出后其叔，此皆非后大宗，与《仪礼》之"为人后"者不相应。《唐律》于此亦称"养子"，《开元礼》有为人后者，实即养子也。后人误以养子为即俗称之"螟蛉子"，因疑《唐律》既许养子，何以又有不许养异姓男一条。不知《唐律》所称养子，是养同宗于昭穆相当者也。《仪礼》"为人后"者，为其父母降为齐衰不杖期。盖持重大于宗者，降其小宗也。然魏晋六朝人于三年之内不得嫁娶，即子女嫁娶亦所不许。曹公为子整与袁谭结婚，裴松之曰："绍死至此不过周五月耳，谭虽出后其伯，不为绍服三年。而于再期之内，以行吉礼，悖矣。"于此可见古人守礼之严。至今所谓养子者，魏时或为《四孤论》曰："遇兵饥馑，有卖子者；有弃沟壑者；有生而父母亡，复无缌麻亲，其死必也者；有俗人以五月生子，妨忌不举者。有家无儿，收养教训成人，则对于公妪育养者，应有服否？"三国、两晋论议甚多，或以为宜服齐衰周，方之继父同居者。此议斟酌尽善，可补《仪礼》之阙。《仪礼》制于宗法时代，秦汉而后，宗法渐衰，自有可斟酌损益之处。《开元礼》亦有与《仪礼》不同者，《仪礼》父在为母齐衰期，武后时，改为父在为母齐衰三年。《仪礼》为祖父齐衰不杖期，为曾祖父母齐衰三月，高祖之服则无有，《开元礼》改为曾祖父母齐衰五月正服，为高祖父母齐衰三月加服。嫂叔本无服，盖推而远之也。唐太宗以同爨尚有缌麻之恩，增嫂叔小功五月义服。古人外亲之服皆缌，为外祖父母小功，以尊加也。为舅缌，从服也。母之姊妹曰从母，而舅不可称从父，故为从母小功，以名加也。此亦古人之执著。《开元礼》改为舅及从母小功正服。综此四条，悉当情理。

六朝人天性独厚，守礼最笃。其视君臣之义，不若父子之恩。讲论《丧服》，多有精义。唐人议礼定服，亦尚有法，不似后世之枉戾失中也。服有降服、正服、义服。斩衰无降服，衰以缕之粗细为等，斩者不缉也。为父正服，为君义服，故为父斩衰三升，为君三升半。父子之恩固重于君臣之义也。魏太子会众宾百数十人，太子建议曰："君、父各有笃疾，有药一丸，可救一人，当救君耶？父耶？"众人纷纭，或父或君。邴原在座，不与此论。太子谘之于原，原勃然对曰："父也！"南朝二百七十余年，国势虽不盛强，而维持人纪，为功特多。

《丧服》一篇，师儒无不悉心探讨，以是团体固结，虽陵夷而不至澌灭，此所谓鲁秉周礼，未可取也。宋代理学家亦知讲求古礼，至明人而渐不能矣。今讲《仪礼》，自以《丧服》为最要。

《隋书经籍志》云："汉初，河间献王得仲尼弟子及后学者所记一百三十一篇献之。至刘向校书，检得一百三十篇，第而叙之。又得《明堂阴阳记》三十三篇、《孔子三朝记》七篇、《王氏史氏记》二十一篇、《乐记》二十三篇，凡五种，合二百十四篇。戴德删其烦重，合而记之，为八十五篇，谓之《大戴记》，而戴圣又删大戴之书为四十六篇，谓之《小戴记》。马融传小戴之学，又足《月令》一篇、《明堂》一篇、《乐记》一篇，合四十九篇。"今大戴记存三十九篇，小戴记四十九篇。《投壶》《哀公问》两篇，二戴所同，合得八十六篇。《大戴》亡佚篇目，今不可考。钱晓征以为小戴实只四十六篇。今《曲礼》《檀弓》《杂记》俱分上下，故为四十九篇。以《小戴》四十六合《大戴》八十五，即古记之百三十一篇也。其说殊未谛。《乐记》二十三篇本不在古记之数，今《乐记》断取十一篇为一篇，以入《礼记》。《月令》与《明堂位》，同属《明堂阴阳记》。《大戴·盛德篇》亦应属《明堂阴阳记》。古记百三十一篇之数。决不如钱氏所举也。

又二戴所录，有非《礼》家之言。如大戴之《千乘》《四代》《虞》，戴德《诰志》《小辩》《用兵》《少闲》七篇，采自《孔子三朝记》。《汉志》"儒家"《子思》二十三篇，《曾子》十八篇。大戴录《曾子》《立事》以下十篇，而小戴之《中庸》《坊记》

《表记》《缁衣》四篇，当为子思之书。又大戴《武王践阼》录自《太公阴谋》，《汉志》以太公入"道家"。此皆二戴所采诸子之文，凡二十二篇。又小戴《王制》，乃孝文帝令博士所作。大戴《公冠》后附孝昭冠辞，并非古记旧有。更去其属于《明堂阴阳记》及《乐记》者，删其复重《投壶》《哀公问》二篇，则二戴记中可说为古记之旧者，不及百三十一篇之半。又如通论之篇，若《儒行》《大学》等，是否在百三十一篇中，尚难言也。

《礼记》一书，杂糅今古文之说。《王制》一篇为今文家言，其言封建采用《孟子》，言养老不知所据。惟《丧礼》《丧服》无今古文之异，《礼记》言此綦详。自明以来，读经所以应科举，以《丧礼》《丧服》不在程试范围，则删节不读。其实读《礼记》以《丧礼》《丧服》为最要。余如《儒行》《大学》《表记》《坊记》《缁衣》等篇，皆言寻常修己治人之道，亦无今古文之异。凡此，皆《礼记》之可信者。若言典章制度，则宜从古文不从今文，古文无谬误，今文多纰漏也。

《三礼》郑注之后，孔、贾之疏，已为尽善。清人以贾疏尚有未尽，胡培翚作《仪礼正义》，孙诒让作《周礼正义》。由今观之，新疏自比贾疏更精。《礼记》孔疏，理晰而词富，清儒无以复加，朱彬作《训纂》，不过比于补注而已。《大戴礼》自北魏卢辩作注，历千余年，讹舛不可卒读。戴震校之，孔广森作补注，但阙佚已多耳。说《礼》者皆称"三礼"，而屏弃《大戴》不道。其实，《大戴礼》亦多精义，应与《小戴》并举，而称"四礼"。理学家最重《小戴》，以《大学》《中庸》并在其中故。独杨慈湖以为《大戴》多孔子遗言，所作《先圣大训》，录《大戴记》特多。二戴《记》中《哀公问》《儒行》《仲尼燕居》《孔子闲居》《王言》诸篇，皆孔子一人之言，七十子后学者所记。《汉志》不入"论语"家，独《三朝记》入"论语"家，殆以《三朝》七篇文理古奥，与余篇不同，或是孔子手作，或是孔子口说、弟子笔录者尔。

春秋

关于《春秋》者，余所著《春秋左氏疑义答问》，大旨略具。今所讲者，补其未备而已。

问《春秋》起于何时？曰：晋之《乘》、楚之《梼杌》，鲁之《春秋》，皆在孔子之前。《周官》"外史，掌四方之志"，郑注云："谓若晋之《乘》、楚之《梼杌》、鲁之《春秋》。"是《春秋》起于周，非始于古代也。《左传》："韩宣子适鲁，见《易象》与鲁《春秋》，曰：周礼尽在鲁矣，吾乃今知周公之德，与周之所以王也。"孔《疏》云："《鲁春秋》遵周公之典以序时事，发凡言例，皆是周公制之。然韩宣子云周礼在鲁者，所以美周公之德耳。非谓《易象》《春秋》是周公所作也。"《春秋》备纪年时月日，《尚书》往往有年有月有日而无时，其纪年月日，又无定例。如《书序》："惟十有一年，武王伐殷。"此所谓"十有一年"者，以文王受命起数，非武王之纪元也。纪年之法，苟且如此，即为未有《春秋》编年之法之故。

今人以为古圣制礼作乐，必无不能纪年之理。其实，非惟周公未知纪年之法，即孔子亦何尝思及本纪、世家、列传哉！太史公《三代世表》谓"余读牒记，黄帝以来，皆有年数，稽其历谱牒终始五德之传，古文咸不同乖异。夫子之弗论次其年月，岂虚哉！"可见史公所见周秦以前书不少，而纪年各不同。今观《竹书纪年》，自黄帝以来，亦皆有年数。而与王孙满所称"鼎迁于商，载祀六百"之言违异。此为古无纪年之作，后人据历推之。各家所推不同，故《竹书》所载与古语不符也。太史公不信谱牒，故于三代但作《世表》，共和以后，始著《十二诸侯年表》。《大戴礼·五帝德》称宰予问于孔子曰："昔者，予闻诸荣伊令，黄帝三百年。请问黄帝者人耶？抑非人耶！何以至于三百年乎？"如当时有纪年之书，宰予何为发此问哉！刘歆作《三统历》以说《春秋》，班氏以为推法密要，然周以前不可推。以古人历疏，往往有日无月，不能以月日推也。

　　《十二诸侯年表》，始于共和元年。余意《春秋》之作，即在共和之后。盖宣王即位，补记共和国时事，而有《春秋》也。观《十二诸侯年表》，诸侯卒与即位均书年，可见《春秋》编年之法即在此时发明者，于是厉王出奔，宣王未立，"元年"者，谁之元年乎？《春秋》以道名分，故书共和元年也。《墨子·明鬼》，历举周之《春秋》，燕之《春秋》，宋之《春秋》，齐之《春秋》，而始于杜伯射宣王事。前乎此者，但征及《诗》《书》而已。可见宣王以前无《春秋》也。宣王中兴令主，不但武功昭著，即文化亦远迈前古。改古文为籀文，易纪事以编年，皆发明绝大者也。至列国之有《春秋》，则时有早晚，决非同时并作。《晋世家》记穆侯四年取齐女姜氏为夫人，当周宣王二十年，是晋于是始有《春秋》。其余各国，皆在宣王之后。鲁之《春秋》，始于隐公元年，当平王四十九年，上去共和元年历一百一十九年。其所以始于隐公者，汉儒罕言其故。杜元凯谓平王东周之始王，隐公让国贤君，故托始于此。此殆未然。列国《春秋》，本非同时并作，鲁则隐公时始有《春秋》耳，非孔子有意托始于隐公也。后人以太史公"世家"首太伯，"列传"首夷齐，推之《春秋》殆于鲁隐，其意正同。其实太史公或有此意，孔子则未必然。隐公但有让桓之言，而无其实事。云"使营菟裘，吾将老焉"者，不过寻常酬酢语耳，何尝真以国让哉！

周之史官有辛甲、尹佚。尹佚即史佚，其书二篇，《艺文志》入墨家。《吕氏春秋·当染篇》云："鲁惠公使宰让请郊庙之礼于天子。桓王使史角往，惠公止之。其后在于鲁，墨子学焉。"墨子之学，出于史角，由此可知史角即尹佚之后。鲁有《春秋》，殆自史角始矣。

《左传》所载五十凡例，杜氏以为周公之旧典。盖据传凡例谓之"礼经"，而谓此礼经为周公所制也。然时王之礼皆是礼经，岂必周公所制然后谓之"礼经"哉！余意五十凡例乃宣王始作春秋之时王朝特起之例。列国之史，其凡例由周室颁布，抑列国自定，今不可知。要之，当时之礼即可谓之礼经，不必定是周公作也。

作史不得不有凡例，太史公、班孟坚之作有无凡例不可知，范蔚宗作《后汉书》则有之，惟今不可见。唐修《晋书》，非一人之作，不得不立凡例以齐一之。宋修《新唐书》，吕夏卿有《唐书直笔新例》一卷。《新唐书》本纪、志、表，皆欧阳修作，列传，宋祁作。二人分工，如出一手，凡例之效也。大氐一人之作，不愿以凡例自限。《春秋》本不定出一史官之手，无例则有前后错误之虞。故不得不立凡例。惟《左传》举五十凡例，不知为周史所遗，抑鲁史自定之耳。

自来论孔子修《春秋》之故者。孟子曰："世衰道微邪说暴行又作，臣弑其君者有之，子弑其父者有之。孔子惧，作《春秋》。"《公羊传》曰："君子曷为《春秋》？拨乱世，反诸正，莫近诸《春秋》。"《公羊》之论，较《孟子》为简赅。然《春秋》者，史也。即在盛世，亦不可无史。《尚书》纪事，略无年月。或颇有而多阙，仅为片断之史料。《春秋》始有编年之法，史法于是一变，故不可谓《春秋》之作专为拨乱反正也。宋儒以为《春秋》贵王贱霸，此意适与《春秋》相反。《春秋》详述齐桓、晋文之事，尚霸之意显然。《孟子》《公羊》，同然一辞。虽《孟子》论人，好论人心，以五霸为假。然假与不假，《春秋》所不论也。贵王贱霸之说，三传俱无，汉人偶及之，宋儒乃极言之耳。三传事迹不同，褒贬亦不同，而大旨则相近。所谓绌周、王鲁、为汉制法者，《公羊》固无其语。汉儒附会以干人主，意在求售，非《春秋》之旨也。要之，立国不可无史，《春秋》之作，凡为述行事以存国性，以此为说，无可非难。今文化之国皆有史，惟不如中土详备。印度玄学之深，科学亦优，而其史则不可考。又如西域三十六国，徒以《汉书》有此一传，尚可据以知其大概。彼三十六国无史，至今不能自明其种类。中国之大，固不至如三十六国之泯焉无闻，然使其堕入印度则易。此史之所以可贵，而《春秋》之所以作也。

问鲁之《春秋》，孔子何为修之？曰：鲁之《春秋》，一国之史也。欲以一国之"春秋"，包举列国之"春秋"，其事不易。当时之史，惟周之"春秋"最备，以列国纪载皆须上之周室。孔子之作《春秋》，如欲包举列国之史，则非修周之"春秋"不为功。然周之"春秋"，孔子欲修之而不可得，鲁为父母之邦，故得修鲁之《春秋》耳。然鲁之《春秋》，局于一国。其于列国之事，或赴告不全，甚或有所隐讳，不能得其实事。既鲁史载笔，亦未必无误。如此则其纪载未必可信，不信则无从褒贬，不足传之后世。以故孔子不得不观书于周史也。既窥百国之书，贯穿考核，然后能笔削一经尔。

嘉庆时，袁蕙纕据《左传》从赴之言，以孔子未尝笔削。然此可以一言破之：鲁史以鲁为范围，不得逾越范围而窜易之，使同于王室之史。孔子之修《春秋》，殆如今大理院判案，不问当事者事实，但据下级法庭所叙，正其判断之合法与否而已。传曰："非圣人谁能修之？"焉得谓孔子无治定旧史之事哉！乾隆时重修《明史》，一切依王鸿绪《明史稿》，略加论赞。孔子之修《春秋》，亦犹是也。所以必观书于周史者，《十二诸侯年表》云："孔子西观周室，论史记旧闻，兴于鲁而次《春秋》。""七十子之徒口受其传指，为有所刺讥，褒讳挹损之文辞，不可以书见也。鲁君子丘明，惧弟子人人异端，各安其意，失其真，故因孔子史记，具论其语，成《左氏春秋》。"据此，可知孔子观周与修《春秋》之关系浅，与作《左

春秋

传》之关系深。然自孔子感麟制作,以讫文成,为时亦当一年,更逾年而孔子卒。古之学者三年而通一艺,《春秋》二百四十二年之事以授弟子,恐非期月之间所能深通。今观仲尼弟子所著,如《曾子》十八篇,无一言及《春秋》者。太史公云:"《春秋》笔则笔,削则削,子夏之徒不能赞一辞。"信矣!盖《春秋》与《诗》《书》《礼》《乐》不同,《诗》《书》《礼》《乐》,自古以之教人。《春秋》,史官之宝书,非他人所素习。文成一年,微言遂绝。故以子夏之贤,曾无启予之效。而太史公又谓七十子咸受传指,人人异端,盖之过矣。诚令弟子人人异端,则《论语》应载其说,传文何其阙如。尝谓《春秋》既成,能通其传指者甚少,亦如《太史公书》惟杨恽为能祖述耳。左丘明身为鲁史,与孔子同观周室。孔子作经,不暇更为之传,既卒而弟子又莫能继其志,于是具论其事而作传耳。

孟子曰:"《春秋》,天子之事也。是故,孔子曰:知我者,其惟《春秋》乎!罪我者,其惟《春秋》乎!"案《说文》:"事,从史,之省声。"史所以记事,可知事即史也。"《春秋》天子之事"者,犹云《春秋》天子之史记矣。后人解《孟子》,以为孔子匹夫而行天子为事,故曰"罪我者其惟《春秋》",此大谬也。周史秘藏,孔子窥之,而又泄之于外,故有罪焉尔。向来国史实录,秘不示人,明清两代,作实录成,焚其稿本,弃其灰于太液池。以近例远,正复相似。岂徒国史秘密,其凡例当亦秘密。故又曰:"其义则丘窃取之矣。""义"即凡例之谓。"窃取其义"者,犹云盗其凡例也。《孟子》之言至明白,而后人不了其义,遂有汉儒之妄说。夫司马子长身为史官，作史固其所也。班孟坚因其父业而修《汉书》，即有人告私改作国史者，而被收系狱。《后汉书》亦私家之作，然著述于易代之后，故不以私作为罪。《新五代史》亦私家之作，所以不为罪者，徒以宋世法律之宽耳。若庄廷鑨私修《明史》，生前未蒙刑罪，死后乃至戮尸。国史之不可私作也如此。故孔子曰窃取、曰罪我矣。

孔子之修《春秋》，其意在保存史书，不修则独藏周室，修之则传诸其人。秦之燔书，周室之史一炬无存。至今日而犹得闻十二诸侯之事者，独赖孔子之修《春秋》耳。使孔子不修《春秋》，丘明不述《左传》，则今日之视春秋犹是洪荒之世已。

《公羊传》云："所见异辞，所闻异辞，所传闻异辞。"此语不然。公羊在野之人，不知国史，以事实为传闻，其实鲁有国史，非传闻也。董仲舒、何休更以"所见之世"为著太平，"所闻之世"为见升平，"所传闻之世"为起衰乱，分二百四十二年以为三世，然《公羊》本谓"《春秋》拨乱世反诸正"，是指二百四十二年皆为乱世也。

僖公《经》二十八年："天王狩于河阳。"《左传》称"仲尼曰，以臣召君，不可以训，故书曰，天王狩于河阳。"似传意以此为孔子所修。然《史记·晋世家》称"孔子读史记，至文公，曰，诸侯无召王，王狩河阳者，《春秋》讳之也。"则知此乃晋史旧文，孔子据而录之耳。是故杜氏以诸称书、不书、先书、故书，不言、不称、书曰之类皆是孔子新意，正未必然。惟《赵世家》云："孔子闻赵简子不请晋君而执邯郸午。保晋阳，故书《春秋》曰，赵鞅以晋阳叛。"此当为孔子特笔。又《左传》具论《春秋》非圣人不能修，盖以书齐豹曰盗、三叛人名为孔子特笔。外此，则孔子特笔治定者殆无几焉。《春秋》本史官旧文，前后史官意见不同，故褒贬不能一致。例如《史》《汉》二书，太史公所讥，往往为班孟坚所许。《春秋》之褒贬，当作如是观矣。宋人谓《春秋》本无褒贬，则又不然。三传皆明言褒贬，不褒贬无以为惩劝，乱臣贼子何为而惧也。胡安国谓圣人以天自处，故王亦可贬。此又荒谬之说也。晋侯、齐侯，贬称曰"人"，略之而已，无妨于实事。如称齐伯、晋伯，则名实乖违，夫岂其可？如胡氏之言，孔子可任意褒贬，则充类至尽，必至如洪秀全所为。洪秀全自称天王，而贬秦始皇曰秦始侯，贬汉高祖曰汉高侯。可笑孰甚焉？余意"褒贬"二字，犹言详略，天子、诸侯之爵位略而不书，贬云乎哉？

　　《春秋》三传者，《左氏》《公羊》《谷梁》是也。《史记》称《左氏》曰"春秋"，称《公》《谷》曰"传"。清刘逢禄据是谓《左氏春秋》犹《晏子春秋》《吕氏春秋》也，刘歆等改左氏为传《春秋》之书。东汉以后，以讹传讹，冒曰《春秋左氏传》，不知春秋固为史书之通称，而《传》之名号亦广矣。孟子常称"于传有之"，是凡经传无不可称"传"，孔子作《易》十翼，后人称曰彖传、象传、文言传、系辞传是也。《左氏》之初称"传"与否，今莫能详。太史公云："左丘明因孔子史记具论其语，成《左氏春秋》。"此谓丘明述传，本以说经。故桓谭《新论》云："左氏传于经，犹衣之表里相持而成。"焉得谓是《晏子》《吕览》之比！盖左氏之旨，在采集事实，以考同异，明义法，不以训故为事，本与其余释经之传不同。《春秋》不须训故，即《公》《谷》亦不重训故也。

《春秋》经十二公，何人所题？哀公经又何人所题？是当属左丘无疑。《汉志》："《春秋古经》十二篇、经十一卷。"此因《公》《谷》合闵于庄，而《左氏》则庄、闵各卷，故《公》《谷》十一，而《古经》十二也。闵公历年不久，篇卷短少，故合之于庄。乃何休则以为"三年无改于父之道"，不以凿乎？

《汉志》："《春秋古经》十二篇，《左氏传》三十卷。"是经、传别行。杜元凯作注，始合经传而释之。昔马融作《周官传》，就经为注。康成注《易》以十翼合之于经。皆所以便讽籀耳。《论衡·案书篇》云："《春秋左氏传》者，盖出孔壁中。"而《汉志》称孔壁所得止有《尚书》《礼记》《论语》《孝经》。《说文序》云："鲁恭王坏孔子宅，而得《礼记》《尚书》《春秋》《论语》《孝经》，又北平侯张苍献《春秋左氏传》。"张苍所献者，是否经传合编，则不可知。今《左氏》经文已经后师用《公》《谷》校改，观三体石经与今本不同可知也。《儒林传》称贾谊为《左氏传训故》，是《左氏传》先恭王坏壁而出，《说文序》云张苍献之，是也。

唐赵匡云："丘明者，盖夫子以前贤人，如史佚、迟任之流，而刘歆以为《春秋左氏传》是丘明所为耳。"案昔人所以致疑于左氏者，以《左传》称鲁悼公之谥。鲁悼之卒，后于获麟五十年。又称赵襄子之谥，赵襄之卒，更在其后四年。如左氏与孔子同时，不至如此老寿。然考仲尼弟子，老寿者多。《史记·仲尼弟子列传》

称子夏少孔子四十岁，《六国表》称魏文侯十八年受经子夏，时子夏一百一岁矣。至文侯二十五年，子夏一百有八，《魏世家》犹有受经艺之文。假令左氏之年与子夏相若，所举谥号在鲁元初年，其时不过八十余年，未为笃老也。又《吕览·长利篇》载南宫括与鲁缪公论辛宽语，缪公之卒，上距元公之初五十余年，南官得见缪公，则何疑于左氏之不逮元公也。刘向《别录》称"左丘明授曾申，申授吴起，起授其子期，期授楚人铎椒。铎椒作《钞撮》八卷，授虞卿。虞卿作《钞撮》九卷，授荀卿。荀卿授张苍。"案《吕氏春秋·当染篇》《史记》列传皆称吴起学于曾子，《说苑·建本篇》称魏武侯问元年于吴子，则起受《左氏春秋》于曾申可信。《十二诸侯年表》云："铎椒为楚威王传，为王不能尽观《春秋》，采取成败，卒四十章，为《铎氏微》。""微"者，具体而微之谓，即"钞撮"是也。《左传》全文十七万字，合经文则十九万字，简编之繁重如此，观览不易，传布亦难矣。《汉志》云："《春秋》所贬损大人当世君臣，有威权势力，其事实皆形于传，是以隐其书而不宣，所以免时难也。"抑亦未尽之论。恐《左氏》之不显，正为简编繁重之故，此铎椒所以作《钞撮》也。

　　《吕氏春秋》《韩非子》诸书多引《左氏》之文，其所见是否《左氏》全文，抑仅见铎氏《钞撮》，今无可征。至《公》《谷》所举事实，与《左氏》有同有异。大概《公》《谷》本诸铎氏，其不同者，铎本所无耳。《别录》云铎椒授虞卿，以其时考之，虞卿欲以信陵君之存邯郸为平原君请封，而铎椒为楚威王传。自楚威王元年至信陵君救邯郸之岁，历八十三年，则卿不得亲受《春秋》于椒。《别录》所述，当有阙夺。又云虞卿授荀卿，荀卿授张苍。虞卿相赵，荀卿赵人，自得见之。荀卿适楚而春申君以为兰陵令，春申君死而荀卿废，荀卿废后十八年秦并天下，时张苍为秦御史，主柱下方书。苍以汉景帝五年卒，年百有余岁。则为御史时已三四十矣，其得事荀卿自可信。荀卿之卒，史无明文。《盐铁论》称"李斯为相，荀卿为之不食"，是荀卿亦寿考人也。苍献《左传》而传之贾谊，今观贾谊《新书》征引《左氏》甚多，其传授分明如此。

桓谭《新论》云："《左氏》传世后百余年，鲁谷梁赤为《春秋》，残略多所遗失。又有齐人公羊高缘经文作传，弥离其本事。"以《公羊》隐十一年传称"子沈子"曰，何休云："沈子称子，冠氏上者，著其为师也。"《谷梁》定元年传直称"沈子"，则沈子当与《谷梁》为同辈。此《公》《谷》后先之证也。柏举之役，《谷梁》称"蔡昭公归，乃用事乎汉"，《公羊》则改"用事乎河"。盖公羊齐人，知有河而不知有汉。不知自楚归蔡，无事渡河，此公羊不明地理之过也。改一字而成巨谬，斯又《公羊》后出之证也。《谷梁》常引尸子之言，《汉志》云："尸子名佼，鲁人，秦相商君师之。鞅死，佼逃入蜀。"谷梁有闻于尸佼，疑其亦得见《秦纪》。《六国表》称《秦纪》不载月日，谷梁闻尸佼之说，见《秦记》之文，故以鲁史之书月日为义例所在矣。殽之役，《谷梁》言"秦越千里之险，入虚国，进不能守，退败其师。徒乱人子女之教，无男女之别，秦之为狄，自殽之战始也。"范宁不能解，杨士勋疏云："乱人子女，谓入滑之时纵暴乱也。"案《史记·扁鹊传》云："秦穆公梦之帝所，帝告以晋国且大乱，其后将霸。霸者之子且令而国男女无别。夫献公之乱，文公之霸，而襄公败秦师于殽，而归纵淫。"与《谷梁》之言合符。盖谷梁得之《秦记》尔。《史记·商君传》："商君告赵良曰：'始秦戎狄之教，父子无别，同室而居。今我更制其教，而为其男女之别。'"此亦秦师败于殽而归纵淫之证也。至《谷梁》所记，亦有可笑者。如"季孙行父秃，晋郤克眇，卫孙良夫跛，曹公子手偻，同时而聘于齐。齐使秃者御秃者，使眇者御眇者，使跛者御跛者，使偻者御偻者。"此真齐东野人之语，而《谷梁》信之。又如宋、卫、陈、郑灾，《谷梁》述子产之言曰："是人也，同日为四国灾也。"岂以裨灶一人能同日为四国灾耶？

《谷梁》下笔矜慎，于事实不甚明了者，常出以怀疑之词，不敢武断。荀卿与申公皆传《谷梁》，大抵《谷梁》鲁学，有儒者之风，不甚重视王霸。公羊齐人，以《孟子》有"其事则齐桓、晋文"之言，故盛称齐桓，亦或过为偏护。何休更推演之，以为黜周、王鲁、为汉制法诸说，弥离《公羊》之本义矣。

《公羊》后师有"新周故宋"之说。《公羊》成十六年传："成周宣榭灾。外灾不书，此何以书？新周也。"夫丰镐为旧都，成周为新都。《康诰》曰："周公初基作新大邑于东国洛。"《召诰》曰："乃社于新邑。"《洛诰》曰："王在新邑烝。""新周"犹言新邑，周不可外，故书。义本坦易，无须曲解。"故宋"本非《公羊》家言，《谷梁》桓公二年传："孔子，故宋也。"孟僖子称孔子圣人之后，而灭于宋。《谷梁》亦谓孔子旧是宋人。新周、故宋，截然二事，董、何辈合而一之，以为上黜杞，下新周而故宋，此义实《公》《谷》所无，由董、何读传文而立。至文家五等、质家三等之说，尤为附会。《左氏》言，在礼，卿不会公侯，会伯子男可也。《公羊》亦云：《春秋》伯、子、男一也。申之会，子产献伯、子、男会公之礼六。《鲁语》，叔孙穆子言诸侯有卿无军，伯、子、男有大夫无卿。据《周官》，上公九命，侯伯七命，子男五命，即谓公一等，侯伯一等，子男一等。至春秋时，则伯、子、男同等。此时王新制尔。若去素王改制，则子产、叔孙穆子皆在孔子修《春秋》以前，何以已有伯、子、男同班之说？仲舒未见《左氏》，不知《公羊》之语所由来，乃谓孔子改五等以为三等，为汉制法。其实汉代只有王、侯二等，非三等也。

公羊即不见《左氏传》，或曾见铎氏《钞撮》，故其说亦有通于《左氏》者。如元年春王正月，《左氏》云："王周正月。""王周"犹后世之称皇唐、皇宋，谓此乃王周之正月，所以别于夏、殷也。《公羊》云："王者孰谓？谓文王也。曷为先言王而后言正月？王正月也。何言乎王正月？大一统也。"盖文王始称王、改正朔，故《公羊》以周正属之，其义与《左氏》不异。乃董仲舒演为"通三统"之说，如董说，则夏建寅，商建丑，必将以二月为商正月，三月为夏正月，不得言王二月、王三月矣。

《公羊》本无神话，凡诸近神话者，皆《公羊》后世附会而成。近人或谓始于董仲舒。案《公羊》本以口授，至胡毋生乃著竹帛，当汉景帝时，则与仲舒同时也。何休《解诂》，一依胡毋生条例。盖妖妄之说。胡毋生已有之，不专出董氏也。《公羊》嫡传，汉初未有其人。《论衡·案书篇》云："公羊高、谷梁赤、胡毋氏皆传《春秋》，各门异户。"夫三人并列，可知胡毋生虽说《公羊》而亦自为一家之学。汉人传《尚书》者，小夏侯本受之大夏侯，后别立小夏侯一家。胡毋生之传《公羊》，亦其比矣。《别录》及《艺文志》但列公、谷、邹、夹四家。今谓应加胡毋氏为五家，庶几淄渑有辨。惜清儒未见及此，故其解释《公羊》总不能如晦之见明，如符之复合也。惟《公羊》得胡毋生而始著竹帛，使无胡毋生则《公羊》或竟中绝，然则胡毋生亦可谓《公羊》之功臣矣。

汉末钟繇不好《公羊》而好《左氏》，谓左氏为太官厨，《公羊》为卖饼家。自《公羊》本义为董、胡妄说所掩，而圣经等于神话，微言竟似预言，固与《推背图》《烧饼歌》无别矣。今治三传，自应以《左氏》为主，《谷梁》可取者多，《公羊》颇有刻薄之语，可取者亦尚不少，如内诸夏、外夷狄之义，三传所同，而《公羊》独著明文。又讥世卿之意，《左》《谷》皆有之，而《公羊》于尹氏卒、崔氏出奔，特言世卿非礼。故读《公羊》传者，宜舍短取长，知其为万世制法，非为汉一代制法也。

《大学》大义

《学记》《大学》，均《礼记》之一篇。今舍《学记》而讲《大学》者，《大学》条理清楚，且语语平实，足为今日对症之药也。大学义为太学，与后之国子监相等。太学科目，今不得知。即《大学》一篇，出谁氏手笔？亦无从考求。归之曾参，未见其然。中间偶引曾子之语，此所谓曾子，未必即系曾参。孔门弟子，惟曾参称"子"，盖当时通行之称谓如是，《庄子》《吕氏春秋》，均可作证。不但曾参称"曾子"，曾申亦称"曾子"。《檀弓》"穆公问于曾子"。《史记》"吴起受学于曾子"。均系曾申，非曾参也。然则，《大学》所称"曾子"，其为参乎申乎？未可知也。

宋儒表彰《大学》，而杨慈湖非之。《大学》重"正心诚意"，慈湖据《孟子》"必有事焉而勿正心"一语驳之，以为心乌可正？实则《孟子》"正心"之言，意别有指，慈湖据之以驳，意亦非是。汪容甫亦反对《大学》，谓非孔子之道。容甫凡宋儒所言，均力辟之，恐此亦因倡导之力出于宋儒，故反对之耳，于《大学》本身无伤也。

《大学》之旨，不善领会，则弊窦丛生。"致知格物"，七十二家之注，聚讼纷纷，朱晦庵"穷知事物之理"，与正心诚意何涉？无怪王阳明以"洪水猛兽"诋之矣。近人谓"道德由于科学"？与晦庵穷知事物之理而后能正心诚意者何异？必谓致知格物，然后方可诚意正心，则势必反诸禽兽而后已。何者？如云人与兽均为哺乳动物，依此而为穷知事物之理然后正心诚意，则人之行当反于兽之行。非驱圆颅方趾之类，入于猱猱狄狄乎？阳明诋晦庵为洪水猛兽，实则晦庵但知力学服官，并未真实用功于穷知事物之理。所谓穷知事物之理者，仅仅托之空言。今则不然，科学之影响，使人类道德沦亡，不仅托之空言，抑且见之实行，则所谓"洪水猛兽"者，不在晦庵，在今日谈科学而不得其道者也。

"格物"之解释，郑康成与王阳明均未全当。郑注："所知于善深，则来善物，所知于恶深，则来恶物。"解"格"为"来"，解"物"为"事"，义与"我欲仁，斯仁至矣"相同。阳明"致良知"，"格"字作"正"字解，谓"致良知以正事"诚若康成、阳明之解，则原文当作"致知而后物格"，其为颠倒文义甚明。司马君实谓"何物来即以何物打扫出去"，将"格物"之"格"，解作"格杀勿论"之"格"，与佛家为近；亦非修齐治平之道。是以郑、朱、马、王，义均未谛。惟阳明弟子泰州王艮心斋，以为"格物"即"物有本末"，"致知"即"知所先后"，乃与"诚意正心"相合。窃意"格物致知"之解，当以此为准也。

《大学》三纲，曰"明明德""亲民""止至善"。太学所教，目的在此。与《尚书》《孟子》之言吻合。《尚书》云"百姓不亲，五品不逊，女作司徒，敬敷五教"。孟子谓"三代之学，皆以明人伦；人伦明于上，小民亲于下"。百姓不亲，故教化以亲之；人伦不明，故教化以明之。可知《大学》"亲民"之说，殊合古义。朱晦庵强以"新民"改之，谓与下文《康诰》"作新民"之文合。殊不知《康诰》为殷周革命之书，其意欲使殷之旧民，作周之顺民。《大学》之意，岂强迫他国之民，作己国之民哉？如云以自己之旧民，作现在之新民，则弃旧道德而倡新道德，真"洪水猛兽"矣！

《大学》原无弊病，宋儒颠倒章节，自陷迷阵，解来解去，义即难通。医书中之《伤寒论》，明人亦易其章句，致文义谬戾。今日本医家，独能知其真相。《大学》晦塞已久，惟阳明为能知其谬妄而遵用古本。实则《大学》文义本明，不必宋人之多事也。

"致知格物"，本为提纲之论，不必过事深求。儒者之道，除修己治人，别无他法。"正心诚意修身"，修己之道也；"齐家治国平天下"，治人之道也。修己治人，包含许多道理，《大学》据之，以分清步骤，岂有高深玄妙之言？所谓"诚意"，不过比之于"如好好色，如恶恶臭"；所谓"正心"，不过谓为"心不在焉，视而不见，听而不闻，食而不知其味"；何高深玄妙之有？宋儒于"明明德"即有"虚灵不昧"等语，语涉神秘，殊非本旨。实则所谓"明明德"者，不过"为人君，止于仁；为人臣，止于敬；为人子,止于孝;为人父,止于慈;与国人交,止于信"而已。所谓"亲民",即此是也。由今观之,语语平实,何奥妙神秘之有哉?王艮解"止于至善",谓即明哲保身。按之《大学》全文,殊为乖舛。古来龙逢、比干,何尝如此?此王艮之妄,不可信者!

《大学》所言治国平天下,均为亲民之道。所谓"上老老而民兴孝;上长长而民兴弟;上恤孤而民不悖"者,何一非亲民之道乎?惜乎现代施政,均与相反。秦始皇之凶暴,不致"好恶拂人之性",其为"好人之所恶,恶人之所好"者,只有现代之政治耳!要之,《大学》论治平之要,不外三端,一即好恶与人同;二为不忌贤才;三为不专务财用。自昔帝皇柄政,忌才者有之,今日虽无帝皇,而忌才之甚,过于往昔。梁元帝、唐德宗、明世宗、明怀宗,可谓忌才矣!然梁元帝遭杀身之祸,将领如王僧辨等,并不忌之。唐德宗初颇忌刻,失败后一革前非,于陆宣公甚见亲信。明世宗晚年仍用徐阶,知其尚能觉悟。明怀宗既殒其身,又亡其国,毕竟尚能任用史可法。宰相忌才,前有李林甫,后有王安石,林甫之于贤才,决不使荷重任;已在位者,务必排挤使去,然并未斥去年幼之李泌。将领后如郭子仪,前如王忠嗣,亦能与以优容。安石与林甫相类,柄政之后,亦不能容朝廷正士,然如司马光、范纯仁等,未见排斥净尽。古来君相忌才者,只此数人,而事实如此。今则并此而无之矣!今日军政首领,于才之高于己者,必挤去以为快;即下位之有才者,亦不能使之安于其位。《大学》之语虽平常,而今人不能及如此!他如"长国家而务财用者,必自小人矣",《大学》所言,犹是为国家务财用，非藉此敛财自肥者可比。王安石之流，犹不出此！而今之人，假国家之名，行贪婪之实，又出《大学》所讥下矣？以故，"好人之所恶，恶人之所好"；"人之有技妒嫉以恶之"；"长国家而务财用"，只今日之政治有之，自古未之有也！

孙中山氏亦推重《大学》，谓"外人做不出来"，彼之推重，吾不知其故。不知彼所谓好，好在何处？戴傅贤亦称说《大学》，而行谊，乃与相反。《大学》之言甚平正，绝无高深玄妙之谈，顾于现代政治，句句如对症之药，以此知《大学》一书，诚哉其不可及也！

大约古人论道经邦，不喜为高深玄妙非常可怪之论，务求平实易行，颠扑不破。宋儒表彰《大学》，用意良是，惜其时时涉及虚无飘渺，与《中庸》相类。《中庸》好言天道，以"赞天地之化育"为政治道德之极致，只可谓为中国之宗教，所不同于耶稣者，讲论天道之后，犹知人事之重要耳。《墨子·天志》言天而不离政治，亦为政教合一之书。持此以较《大学》，《大学》意义平实，只言教学二项，不及高深玄妙。其所谓教，当然非宗教之教；其所谓学，即修己治人之学也。

世之文化先于中国者，有南方之印度；后于中国者，有西方之希腊。进路不同，方向亦异。中国学问，无不以人事为根本。希腊、印度，均以"地""水""火""风"为万物之原素，首即偏重物质，由此演进，为论理学、哲学、科学；为伦理学、政治学。中国开物成务诸圣哲，伏羲、神农，畜牧耕种，事事皆有，然均以人事为根本，不遑精研微末。人事以修己治人为要,故《大学》之教,重是二项。

　　《大学》之外,又有所谓小学。小学为礼、乐、射、御、书、数。六艺之教,以实用为依归。书、数二项,为童子初学始基。识字布算,固初学之要也。射、御犹今之掷枪、打靶、御马、驾车。礼即礼节之娴习,乐即歌舞之陶冶。二者偏于实习方面,皆以锻炼体格,涵养性情为宗旨。经礼三百,曲礼三千,如何学得完全?乐谱工尺,亦安能肄习空文?以是知二者所教,决非如后人意料中之遍读礼经、乐书也。小学所教,书、数、射、御而外,注重礼乐之实践,均与修身有关如此!至其为学之步骤何如?学后之目的何在?则于《大学》明之。此《大学》之义也。

《孝经》《大学》《儒行》《丧服》余论

前讲《孝经》《大学》《儒行》《丧服》诸书，尚有不尽之意，今申言之。凡读《孝经》，须参考《大戴礼·王言》篇，盖二书并是孔子对曾子之言。《孝经》言修身，不及政治。《王言》篇专言政治。其云七教可以守国，三至可以征伐，皆是为政之道。《孝经》千九百字，《王言》篇千三百字。《王言》为《大戴礼》之一篇。《孝经》列学官，别为一经，故单行耳。吾谓《孝经》一书，虽不言政治，而其精微处，亦归及政治。《大学》上老老一章，其旨在能守国。《王言》篇云闻三至用贤才而后可以征伐。今无《王言》一篇，无以羽翼《孝经》矣。今人言有礼有用，古人言内圣外王。《孝经》《王言》二书，可以尽斯旨矣。前讲为人之道，故专论《孝经》。今讲应世之道，故并及之。

读《大学》不过得其纲领而已，《学记》所言何以为学，何以为教。言之甚详。宋儒重《大学》，不重《学记》，意谓《学记》一书，无深奥之义，不过是教人之道。我谓不读《学记》，无以为教，抑无以为学也。

宋儒以《儒行》言刚勇，多夸大之语，如鸷虫攫搏，卞庄子之勇也，孔子亦采之，意谓此篇非孔子所作，不知《大学》亦以知、仁、勇三者并言之。

前讲《丧服》，可据《仪礼·丧服》篇及《开元礼》二书为定例。杜佑《通典》载《开元礼》颇备，又溯唐以前之沿革亦详。吾谓学有根柢者，于《通典》一书，不可不读。清曾国藩推重马端临《文献通考》，实则《通考》远不逮《通典》。《通考》偏于治人，《通典》则长于修己。《通典》论礼居多，盖修己治人兼备矣。

南北朝之世，五胡十六国，纷争扰攘，论政治，上不逮汉，下不如唐，然六朝官吏绝少称臣异族者，不似两宋以还，不难北面而事外夷也。

六朝人重礼教与孝行，《南史》所称孝行，多至毁瘠。其于《丧服》不敢妄议，稍犯清议，终身不能入仕版。宋儒言理学者甚多，而有孝行者，反不若六朝之众。其于《丧服》，亦勉强从事，又不如六朝之谨严。盖学问根柢，远逊六朝人之渊博耳。

今不为腐儒之论，能修己则事尽善矣。所谓修己者，非但一人之修己而已。为政者能人人修己，国斯治矣。《大学》言修齐治平，不言权术。历代史册，所载政治，亦不言权术。吾谓古儒者未尝无权术，但不外见耳。太史公以伊尹、太公、管仲之流，归诸道家。道家非不用权术，但不用诈术。《大学》言诚意，似不为权谋。而结尾有云："此为国，不以利为利，以义为利也。"为利非权术乎？

但所言利，为国不为己。此本末一贯而义法不同。宋儒言尧、舜、禹、汤不用术，而后王用术。此真腐儒之论，我未敢信。

孟子轻管仲，而于管仲之权术，未尝不重之，但不明言耳。孟子对齐宣王好色、好货之问，即袭取管子之言。又其对梁惠王问何以利吾国，似不言利，不为权术。而末云："未有仁而遗其亲者也，未有义而后其君者也。"非权术乎？谓孟子而无术，吾亦不信。

董仲舒云："正其谊不谋其利，明其道不计其功。"宋儒服膺此二语。不知董生此言，对江都王而发。董生本意，非必如此。

孟子言伯夷、太公为二老，天下之子归其父焉。萧何言"养贤致民，以图天下"。二语正相似。以孟子言观之，文王之心，与萧何一也。为国谋政，以一国为己任，焉能不谋利计功？若偏于一端，则如宋儒之学，施于政事，便少成功。此正孟子所谓徒善不足以为政也。

《儒行》言人事，《大学》言修齐治平之道，具在篇中，吾故表而出之。

《儒行》一篇，多言气节之士，有勇者居多。今人或言专尚气节，亦不足以为国。此言似是而实非，一国中但有一二人尚气节，于政治何裨乎？

东汉时重儒，故尚气节。东汉内政不修，而外侮不至，一西羌为患，卒为汉灭。曹、刘、孙三国分立，亦无外患，三国人亦多尚气节故也。晋尚清谈，不尚气节，而五胡乱华矣。南宋时，如胡铨辈高唱主战，然一二人何裨于治？或乃讥为虚骄之气。故谋立国者，务尚气节，非但一人有气节，须人人有气节。范文正有气节有计谋之人，国不重用，何也？尚气节之风不能普遍故也。如清梁鼎芬之流，藉高言以沽名钓誉，欺人适以自欺耳。

宋时有气节者，非特范文正一人而已。文正有气节，有计谋，欧阳修有气节而无计谋，韩琦气节不如文正，且无计谋。故韩、范同征西夏，范胜而韩败，盖韩不如范矣。文正部属有尹洙者，亦有气节有计谋之人，以官卑不获重用。文正有才具而无辅佐，其不能成大功宜也。今我国人数四万万，假令有气节者得百之一，亦足以御外侮矣。

古人尚气节，吾观《儒行》篇，不独尚气节，亦尚勇力。古用刀矛，非勇力不能胜。今用枪炮，不须有大勇力。然不耐劳苦，枪炮虽精，亦复何用？东三省之兵械，全国之精锐也。一旦寇至而三省瓦解，此非明证欤？

古人于《儒行》，虽尚勇力，必为辞以遏之，惧其滋暴乱也。孔子答子路"仁者必有勇，勇者不必有仁"。吾谓后世未必然。项王为人，暴戾恣睢，力能扛鼎，然见兵士疾病，则涕泣不食，非勇而有仁乎？汉代游侠之流，亦皆暴戾恣睢。太史公序《游侠传》云"缓急人之所时有也"。今有人绝无勇气，见人患难疾苦，如未之见，惟恐不利于我。此孔、孟所以痛恨乡愿，谓其居之似忠信，行之似廉洁，不仁不勇，乡愿近之。

古人尚勇，以知、仁、勇三字并言。孔子非不勇也，《春秋》《淮南子》俱云"孔子力能招国门之关，而不以力闻"。孔子之勇，盖不形诸外貌耳。孟子言孟施舍北宫黝之勇以及于己，孟子亦非不勇也。孔子曰："君子有勇而无义为乱，小人有勇而无义为盗。"此一时之言，非定论也。子路好勇，孔子嘉之。故《论语·先进》篇以政事之才，归诸子路。

孟子言孟献子有友五人。《国语》孟献子有壮士五人。《春秋传》鲁从晋伐逼阳。狄虒弥、秦堇父、邹人纥三人，皆有勇之士。传言孟氏之臣秦堇父，则秦为孟氏五友之一矣。传言献子称狄虒弥有力如虎，疑狄亦孟氏之臣，惟邹人纥不可知。古时尚勇，亦可概见。吾疑仁者不必勇一语，当是宋儒妄谈，未可依据。今试举二人为例，《晋书》有戴渊、周处二传，戴渊一盗耳，陆机适楚，渊劫之。机说渊折节读书。周处斩蛟刺虎，后亦改行从善。勇者岂无仁乎？明末言理学，专拾宋儒牙慧，不能救国。清颜习斋出，不为谈天说性之妄言。清初有气节者，颜氏一人而已。厥后颜氏一派，推为学宗，惜仅及北方一隅，宗者绝少，为可憾耳。

今言理学各派，清以前分程、朱、陆、王四宗。清以颜、李为一派，彭、罗为一派，皆与程、朱、陆、王不同。彭、罗所言，间有可取，无裨大用。颜、李则与《儒行》相类，可以东汉儒人喻之。《周礼》言六德、六行、六艺，六艺有射御，即尚气节与勇力也，惟颜氏能之。今言《儒行》，取法乎上，颜、李可无述矣。

今讲《丧服》，非为空谈，须求实行。苏州礼教风俗，尚未大坏。我观镇江、浙省一带，父母丧而子婚者，虽世家亦有之。自汉至宋，三年之丧无娶妻者，明宪、武二宗即位未及一年，即行大婚。

上行下效，自所不免。吾恐不能三年之丧，当自明始。今法虽无明文，然居丧娶妻，习非成是。愿苏士大夫，倡导政革，小民自化矣。

《春秋》三传之起源及其得失

余讲《春秋》，历四十年。尝谓《春秋》者，司马迁、班固以前唯一之史也。《春秋》未作，世无正式之史。《尚书》或纪言，或纪事，真有似断烂朝报无年月可寻，设无《书序》，何由知其条贯？即有纪年者，亦不甚明白。如《太誓》云唯九年四月，究不明何王之九年？《洪范》云唯十有三祀，亦不明何王之十三祀也？且或称唯十有三祀，或称既克商二年，纪年之法之不统一如是，故必待《春秋》之作，方为有正式之史也。

周初无《春秋》之名，《周官》小史掌邦国之志，外史掌四方之志，未必即为《春秋》也。《春秋》之起，其在周宣王之世乎？《墨子·明鬼》据周之《春秋》、燕之《春秋》、宋之《春秋》、齐之《春秋》为说。至于周宣王杀杜伯以前之事，不据《春秋》而据《诗》《书》，可知周初之未有《春秋》也。《史记·十二诸侯年表》起共和元年，自尔至于鲁隐元年，凡一百十九年。史公但书某公卒，某公生，未尝著一事，其有纪事者，可知其国已有《春秋》矣。晋穆侯以条之役生太子，命之曰仇。其弟以千亩之战生，命之曰成师。《左传》不记其年，而《十二诸侯年表》明著之，盖列国之有《春秋》，晋为最早，而秦、郑次之，宋在其后，齐、鲁更后。其所以有先后者，周室颁书法于诸侯，由近及远，晋近王畿，秦迩西都，郑本畿内，故受法在先。宋距西周已远，齐、鲁更处东海，斯在后矣。

  《左传》云《春秋》之称微而显，志而晦，婉而成章，尽而不污，惩恶而劝善，非圣人谁能修之？然孔子所修，实亦无多。僖二十八年天王狩于河阳，《左氏》载仲尼之言，曰以臣召君，不可以训，故书曰天王狩于河阳。太史公称孔子读史记至文公，曰诸侯无召王，王狩河阳者，《春秋》讳之也。孔子之特笔有明文可据者，止此一条，余无所见。杜预以为诸称书、不书、先书、故书、不言不称书曰之类，皆史官旧文，是孔子所笔削者固甚少矣。然而孟子称孔子作《春秋》，又称孔子曰罪我者其惟《春秋》，岂删改一二条即可谓之作耶？即以此见罪耶？盖《春秋》者官史也，孔子不在其位，不当私修官史。班固坐私修官史而得罪，以后例前，所谓罪我者其惟《春秋》者，信矣。孔子又曰其义则丘窃取之者，当时国史，不容人看，窃取即偷看之谓矣。又曰《春秋》天子之事者，《说文》事字从史，职也。职，记微也。微，即徽字。职，即帜字。故事有记志之义，是谓《春秋》为天子之史记也。列国之史，皆藏周室，故云天子之事。然孔子所修者，鲁之《春秋》也。惟其为鲁之《春秋》，非周之《春秋》，其记列国事实或有不确。如诸侯之卒，但据赴告而书之，赴告月日有误，鲁史不能正之，太史公称孔子西观周室，论史记旧闻，即为鲁《春秋》有乖事实者，故必与左丘明如周，观书于周史，而修《春秋》之经。丘明因孔子所录周之史记而为之传，然则《左传》所载，即是《春秋经》之考异，论事实以周史记为准。论书法以鲁《春秋》为准。所以然者，孔子鲁人，所修者鲁史，不得与于天子之事也。经传之不同，凡为此故。桓谭《新论》称《春秋》经传，互为表里，相持而成，是谓经传之同修也。盖若事据周记，以改鲁史，即非鲁之《春秋》，故必经传相持，则事义俱备。然而太史公云鲁君子左丘明惧弟子人人异端，各安其意，失其真，故因孔子史记，具论其语，成《左氏春秋》。此则未谛，丘明即不作传，孔子且自作之，何也？欲为考异，不得有经而阙传也。古之学者，三年而通一艺，自获麟至孔子之卒，才得再期，学未及通，何由退而异言？《论语》所载，未有弟子论《春秋》之语，《大戴礼》有《曾子》十篇，亦无一言及《春秋》者，乌睹所谓退而异言者耶？是知孔、左经传，同时述作，经亦有君子之新意，传非无圣人所斟酌，不为弟子异言而具论其语，审矣。

次论作传之左丘明。世之疑左丘明者，谓据《论语》，丘明及见孔子，而《左传》记赵襄子、楚惠王事，赵襄子、楚惠王卒于鲁元公之初，鲁元上距获麟之岁五十余年，丘明不应寿考至是。然孔门弟子子夏之年，更寿于丘明。孔子之卒，子夏年二十有九，至魏文侯十八年受经子夏，子夏年百有一。盖子夏与丘明易混，子夏年高，丘明亦年高。子夏失明，丘明亦失明。然子夏不传《春秋》也。公羊受于子夏之说，起于东汉之戴宏，西汉无是言也。董仲舒传《公羊》者也。刘向谓其师友渊源，犹未及乎游、夏，是矣。大抵丘明之年，与子夏次比。丘明作传，传之曾申，申传吴起。谷梁在吴起后，所引尸子，即尸佼也。佼与商鞅同时，谷梁与孟子时代相近。《公羊传》有子沈子曰，何休《解诂》称子者是其师，而《谷梁》但作沈子曰，可知谷梁在公羊前，且公羊之袭谷梁，痕迹显然。蔡侯归用事乎汉，《谷梁》文也。自楚入蔡，必渡汉水，《公羊》不审地望，改汉为河。此袭《谷梁》而误者也。公羊氏五世姓名，于史无征。秦二世召博士诸儒生问曰："楚戍卒攻蕲入陈，于公如何？"博士诸生三十余人前曰："人臣无将，将即反，罪死无赦。"此本《公羊》之文，君亲无将，将而诛焉。汉高祖崩，群臣议谥，皆曰高祖起微细，拨乱世，反诸正，平定天下，为汉太祖。拨乱世，反诸正，亦《公羊》文也。是知《公羊》行于秦、汉之际，其人上不及子夏，下不至汉，殆周、秦间人也。孟子述孔子之言曰"其义则丘窃取之矣"。《公羊》亦云，此乃《公羊》之袭《孟子》，非《孟子》之采《公羊》也。以余所知，三传之起源如此。

据《春秋经》而作传，其事非易。《谷梁》在前，其言不多，误亦不多。《公羊》在后，言多而误亦多矣。纪年纪月，始于《尚书》，《春秋》则纪时，或书月书日。二传多以日月生义，以为褒贬，此说于古无征。盖谷梁与尸子为友，尸子并商鞅时，见秦《春秋》不书月日，遂谓《春秋》本以时纪，其书月书日者褒贬所生也。而《谷梁》即用其说也，不知事有远近，斯书有详略，鲁文公以前，朝聘征伐之事少，故书日尚略。其后渐多，故不可不谨于书日，《谷梁》壹以秦记为准，而怪鲁史之详于月日，然未尝自明其说之由来。《公羊》不悟，起例滋多矣。

刘向《别录》称丘明作传授曾申，申授吴起，起授其子期，期授铎椒。而《十二诸侯年表》称铎椒为楚威王傅，为王不能尽观《春秋》，采取成败，卒四十章，为《铎氏微》。《铎氏微》者，《左氏春秋》之节本也。《左氏》之书合经传十九万言，古者简重帛贵，传写匪易，而《韩非子》《吕氏春秋》皆载春秋时事，其语殆本于铎椒，即《谷梁》亦似曾见《铎氏微》者。有三事可为《谷梁》袭《左氏》之证，一者《左氏》经公矢鱼于棠，《谷梁》作公观鱼于棠。二者《左氏》经齐人来归卫俘，《谷梁》作齐人来归卫宝。三者《左氏》经晋荀吴帅师败狄于大卤，《谷梁》作晋荀吴帅师败狄于太原。此三条不合《左氏》经而合《左氏传》，知其非贸然以声音训诂易之也，若不见《左氏》书，不致雷同如此。若尽见《左氏》书，又不致有其余之不同。其所见者，盖《铎氏微》也。《铎氏微》所载，据而改之；所不载者，亦无由改之也。《公羊》在《谷梁》后，故于此三条得据于《谷梁》，余无所据而擅改者，即多可笑。如《春秋经》齐栾施来奔，《左氏》《谷梁》所同，《公羊》则作晋栾施来奔。《春秋经》郑公孙夏帅师伐陈，亦《左氏》《谷梁》所同，《公羊》则作郑公孙虿帅师伐陈。盖《公羊》见经文晋有栾书、栾盈，故改齐为晋，见襄十五年经有公孙虿，故改公孙夏为公孙虿，不知据《左传》公孙虿于襄十九年卒，至伐陈时不得更有公孙虿也。又《春秋经》齐仲孙来，《左氏传》齐仲孙湫来省难，《公羊》以仲孙为公子庆父，引子女子之言曰以《春秋》为《春秋》，其诸吾仲孙与？盖《公羊》见鲁《春秋》有仲孙，以为唯鲁有仲孙，故成此笑柄。夫以经解经，不可施于《春秋》，何得言以《春秋》为《春秋》乎？此之缪误，由于不见周室史记，而恣为臆说。然而清世说《公羊》者迂怪之谈，则非《公羊》所本有。所谓通三统、张三世，为汉制法，黜周王鲁者，但见于董仲舒之书，诡诞之徒，以之诬蔑《公羊》，学贵求真，是不可不为《公羊》洗刷者也。

《春秋经》元年春王正月，《左传》元年春王周正月。所谓王周者，犹后世称皇明、皇清耳。《公羊》曰"王者孰谓？谓文王也。曷为先言王而后言正月？王正月也。何言乎王正月？大一统也"。《公羊》以文王周之始王解王正月，意与《左氏》正同，本言大一统，未尝言三统也。夏秋冬月不著王字者，钟鼎则多有王二月、王三月、王四月、王五月之文，《春秋》月必书王，则失之繁，故为省文尔。《公羊》不见国史，故云所见异辞，所闻异辞，所传闻异辞，然固无衰乱、升平、太平三世之说。《公羊》云拨乱世，反诸正，莫近诸《春秋》。春秋二百四十二年，皆乱世也，焉有升平、太平之世乎？至谓为汉制法，试问公羊作传之时，亦何从知汉家之兴，而预为制法乎？董仲舒谓周法五行，爵五等，汉法三光，爵三等，试问五行、三光，竟与治乱何关？乃孔子之不惮烦而改诸。楚灵王时，宋左师献公合诸侯之礼六，郑子产献伯子男会公之礼六。《国语》叔孙穆子曰："诸侯有卿无军，伯子男有大夫无卿。"伍举曰："天子之贵也，唯其以公侯为官正，而以伯子男为师旅。"此皆伯子男并称。《公羊》亦云《春秋》伯子男一也。《公羊》虽未见《左传》，犹知春秋之制与周初不同。周初之制据于《周礼》，至春秋时而《周礼》之改变者多矣。董生不悟，则以为孔子为汉制法尔。其尤不通者，所谓黜周、王鲁、新周、故宋是也。杜预云《春秋》所书之王，即平王也。所用之历，即周正也。所称之公，即鲁隐也。安在其黜周而王鲁乎？故宋一语，本出《谷梁》。《谷梁传》孔子故宋也。范宁曰孔子旧是宋人。新周则出《公羊》。《公羊传》"成周者何？东周也。成周宣榭灾，何以书？新周也"。此所谓新周，与《尚书》新邑同意。安在其上黜杞而下故宋也？试思孔子鲁之大夫，有何权力，以鲁隐为受命王，黜周为二王后耶？此等迂怪之谈，固无明文见于《公羊》者也。

至于《春秋》大义，内诸夏而外夷狄，三传所同。讥世卿本出《公羊》，然张敞治《左氏》，亦言《春秋》讥世卿。盖《左传》记乐祁之言曰："政在季氏三世矣，鲁君丧政四公矣。"又记孔子之言曰："惟器与名，不可以假人。"是皆讥世卿之言。所讥者，鲁之季氏、齐之陈氏、晋之赵氏。丘明与圣人同耻，故于陈恒之代齐，三桓之出君，赵氏之分晋，具载其事。而《公羊》则以周之尹氏、齐之崔氏当之，不知尹氏当时并未擅权，崔氏与高国不合而出奔。崔杼返国，二年而败，不足以当世卿也。《谷梁》亦有与《左氏》同义者，《谷梁》云称国以弑其君，君恶甚矣。此与《左氏》所云弑君、称君、君无道者义相发明。然《春秋》所书赵盾弑其君、崔杼弑其君，当孔子笔削时，其人皆已死矣。是乃谚所谓打死老虎，则何缘作《春秋》而乱臣贼子惧也？盖《春秋》之作，贵在劝戒，非但明罚而已。后有荀悦之《汉纪》，司马光之《通鉴》，其效正同。《左氏》之传，详载事实，使读其书者，惩往事以防将来，则乱臣贼子之原自绝，是以法家韩非采《左氏》事实特多。若谓《春秋》之道，但在明法底罪，以惧乱臣贼子，则已死之乱臣贼子，何由知惧？见在之乱臣贼子，大利当前，又何恤于口诛笔伐哉？

关于经学的演讲

无锡于明万历间,有高攀龙、顾宪成二先生提倡理学,崇尚气节,实为东林学派之策源地。化民成俗,裨益于社会者匪鲜。然终无补于明之危亡者,以其化民成俗有余,而谋国事则不足也。今之国势,正与明末相似。居今日而言国学,未有不掩耳疾走者,以国学为迂腐而不足道也。然吾侪治国学者,固不贵空言,而尤重在力行。惟国学范畴颇泛,其归宿之点,要在修己治人是已。昔者吾友桐城马其昶先生提倡国学,著有《三经谊诂》一书,即以《孝经》《大学》《中庸》为教本。余寄书马先生谓以《孝经》《大学》为教本甚当,而《中庸》则有未合,因今日所急需者,辑修己治人之学。《中庸》讲论性命之学,以顺天为归。然顺自然之极,易流入衰颓危亡之途。人类惟有力抗自然,乃能生存。盖《中庸》近于佛法中之天乘,非当今所急需。今日社会之腐败,皆由不尚气节所致,欲革新社会,非砥砺气节不可。而提倡气节,与讲理学有关。宋代最先提倡气节者为范文正,文正以前如五代之冯道不惟不知非之,且有称誉之者。至范文正后，始斥冯道为无耻，至南宋反以气节为不足道。抑何悠谬！《礼记·儒行》一篇最崇气节。北宋儒者颇重《儒行》，至南宋则有高闶之反对，以为《儒行》为六国时人所作，非孔子书。有宋一代，初由提倡气节而重理学，理学既盛，反以气节为不足道，欲提倡气节，必须重视《儒行》。又《孝经》一书，实为国学之宗，然非具体而为抽象之论，故必须《仪礼·丧服》篇相辅而行。盖《孝经》《大学》《儒行》《丧服》四篇于今最切实用，而均应宝爱。故今日所讲，即以此四者为题。

　　《孝经》　前人认孝为门内之行，与门外之行无关。实则试观《论语》第二章有子之言，则知本无分于门内门外。有子曰："其为人也孝弟，而好犯上者鲜矣；不好犯上，而好作乱者，未之有也。君子务本，本立而道生：孝弟也者，其为仁之本与！"人无孝弟之心，则犯上作乱，犯上作乱为门外之行。由此可见孝无门内门外之别矣。宋儒以《孝经》非孔子书，而内有曾子云云，谅系曾子弟子所为。书虽非孔子所作，而曾子实传孔子孝道，何容致疑？宋儒因不信《孝经》，而于《论语》有子说孝弟一章亦并非之。以为为人之本惟仁性而已，何能以孝弟为仁之本？其实仁有广狭二义：广义之仁，即为"克己复礼"；狭义之仁，即为"仁者爱人"。爱人根于孝弟之心，未有不能孝其亲，弟其长，而能为仁者也。后汉延笃亦疑此章，以为"孝在事亲，仁施品物"。不知此正与孟子亲亲而仁民之说相合。孝弟为仁之本，古有说此。《管子·戒》篇云"孝弟者仁之祖也"。仁之祖，即仁之本，固非有子一人之言，宋儒以为孔门弟子，欲以有子为师，而曾子非之，有子为人必不如曾子，其言不足置信。怀此成见，以轻视有子，并《孝经》亦轻视之。视汉儒以《孝经》为六经之总会，则大异矣。实则《孝经》与《尧典》"克明俊德，以亲九族；九族既睦，平章百姓；百姓昭明，协和万邦，黎民于变时雍"之道亦正相同。孔子之说本承《尧典》而来。儒墨之分，亦在《孝经》。墨子兼爱而非孝，故遭儒家反对。在今日之言爱国者，何异墨子兼爱之说，所谓爱国者何？即爱一国之人民也。然爱国须由爱家起，爱家须由孝弟起。不言孝而言爱国，仍为妄夸耳。《孝经》文本平易，无烦说解。然有种种异说者，此又宋儒曲解之咎也。其言"身体发肤受之父母，不敢毁伤"，异于曾子所言"战陈无勇非孝也"。其实《孝经》所言，身体发肤，应保养于平日，至战陈时，不可不勇。必如此解，庶于意无碍耳。在孟子以爱亲敬长，即良知良能。后在王学中有罗近溪，亦谓"良知良能"即"爱亲敬长"。窃意孔、孟以多年讲学，未得要领，后方悟以孝弟为仁之本。汉儒亦以《孝经》为六经之总会，致宋人始生异议。《孝经》言修己者多，言治人者少。内分"天子之孝，诸侯之孝，卿大夫之孝，士之孝，庶人之孝"。至今毋庸分此五等，而人人均可以天子自居矣。由内及外，正当从修己做起。

《大学》 《大学》据宋儒所讲都错。不仅讲错，即章次亦多颠倒。致明王阳明有恢复古本《大学》之举，而诋宋儒之讲《大学》为洪水猛兽。因《大学》包涵修己治人之学，如有讲错，即为杀人之本。宋儒讲《大学》最荒谬者，改亲民为新民，与朱子讲"致知格物为穷至事物之理"。其改亲民为新民者，谅见下文有汤之盘铭曰"苟日新，日日新，又日新"。"周虽旧邦，其命维新"，《康诰》曰"作新民"等句所起。汤之盘铭，不过谓"日新其德"而已。《康诰》曰"作新民"，与"周虽旧邦，其命维新"者，因周人于革命之后，欲新殷人之思，想以归服周室。乃就社会变革后之特别情形而言，与新民无关。孟子有"人伦明于上，小民亲于下"之句，《尚书》有"百姓不亲"之语，为政之要，归结与百姓相亲。一在《大学》之前，一在《大学》之后，均讲亲民，未尝有误。朱子解"致知格物"为"穷至事物之理"。颇似今之讲物理学，与正心诚意何关？故王阳明驳之。以为人之一切思想行动，即是物，不必追求事物之理于身心之外。所谓"致知"者，即"致良知"也。"致知格物"者，"致良知以正物"也。然其文句颠倒，且增一"良"字，已失原文本意。郑康成注"格来也"，"知于善深，则来善物"，亦即《论语》"我欲仁，斯仁至矣"之意，本与阳明"知行合一"之理相同。其谓"致良知以正物"，则颠倒误矣。本为物格而后致知，非谓致知而后格物也。故阳明之说，亦为不可通，反不如其门下一不识字之灶丁王心斋所解为通达耳。其谓"格物者即物有本末，致知者即知所先后"也。然其究因读书少，而不明格字之解。《仓颉篇》谓"格，量度也"。格物者，量度事之本末。正心诚意为本，修齐治平为末。能量度物之本末，则知行事之先后矣，故刘蕺山谓王阳明不如王心斋也。后来之清儒，如戴东原辈，讲格物亦不如假道学之李光地知取心斋之说。惟余认孝为物之根本，不知孝，则致知二字，仍属空言。

故《大学》讲错,即为杀人之本。王阳明斥朱文公,虽不免过甚其辞。依余之见,实因朱子不通格物之字义,强作"穷至事物之理"之言以敷衍之。观朱子虽讲格物穷理之功,而其门徒鲜有通事物之理者。当日陆象山讲格物,虽非如朱子之繁多,实则象山与朱子相同,而阳明独推重象山,实因阳明读书不多,不知上追汉儒以穷鞫之。如信程、朱之说,改亲民为新民,实为杀人之本。所谓新民者何?是为废除旧道德,改用新道德,是正洪水猛兽也!朱子之讲格物犹今之讲物理学也。道德本与事物相抗,如今之时势,崇尚科学,而排斥道德。虽非程、朱所提倡,使程、朱有知,亦将反悔于地下矣。故亲民即为"人伦明于上,小民亲于下",推本乎孝。格物即为"物有本末,事之始终"。《大学》前后本属一贯,治乱之理,悉具于是。历来政治之隆污,无不与《大学》相应者。亲民格物即为治国之原则,好人之所恶,恶人之所好,人之彦圣,妒疾以恶之,长国家而务财用者,即为亡国之原则。二千年政治之治乱,正如此耳。《大学》所讲从孝亲起以至平天下,修己治人之学,均包括在内矣。

　　《儒行》　《大学》《孝经》所讲,修己治人之道胥备。惟无勇气,仍不足以有为。《儒行》所谓"儒",虽非为圣为贤,然其崇尚气节,合《论语》所谓"士者行己有耻,见危授命,使于四方,不辱君命。见贤思齐,久要不忘平生之言"。虽不足为圣,亦足为仁人矣。不如是不得为仁人,而宋儒深致反对,故其轻视儒行。不尚气节而《儒行》中言无过失可微辩,而不可面诉,朱文公解子路人告之以有过则喜,谓"仲由喜闻过,今名无穷焉。今人有过,不喜人规，如讳疾而忌医，宁灭其身而无悟也"。然朱文公与陆象山为太极无极一小事之辨，彼此书翰往还，争论激烈，互相诋毁，势将绝交，殊非君子之气度。历来儒家，均犯此过。除孔子、颜子之大圣，为不可及外，即孟子亦不免。孟子每与人辩，均属胜利，唯与淳于髡名实之辩，孟子辞穷，而犹曰"君子之所为，众人固不识也"。可见《儒行》不可面诉一言亦未为过，汉儒均重《儒行》，东汉尤尚气节，与理学之旨相合。北宋范文正首倡理学，及后理学盛，反轻气节，实有负于提倡理学者之初志，故宋亡大臣之学冯道者甚多。讵非反对《儒行》，轻视气节之所致乎？汉苏武使匈奴，被留十九年始还。汉宣帝图功臣于麟麒阁，武亦在内，可见汉人之重尚气节。南宋有洪皓者，其人节概如苏武，使金留十三年乃还，然宋人并不知尊礼，后复以忤秦桧被斥。设日人一旦进灭中国，使汉儒在，决不屈服于日人，若在南宋轻视气节时，则未可知矣。宋儒谓《儒行》非孔子书，即如其言，果非孔子书，或为伪托孔子者所造，但其言之有理，亦足取之，何必问其是否为孔子书也？据予所见孔子对鲁哀公之问，亦在情理之中。哀公为人懦弱无用，优柔寡断，亦正如今日张学良之流。故孔子之言《儒行》于哀公，亦为对症之药，焉知其非孔子书也？

　　《丧服》　《仪礼》十七篇中有六礼，惟士丧礼至今大体尚属沿用。据予所见《丧服》中除"尊降压降"二条外，余均尚可通用。尊降压降，为诸候公卿之礼。自改封建为郡县，即已无所用之，故亦不废而自废。汉儒治《仪礼》者甚多，惟郑康成遍注《仪礼》，康成之前，如马融仅注《丧服》一篇，三国时王肃亦注《丧服》，即蜀之蒋琬亦注之，总观注《丧服》者有十九家之多。吾人能试查《通典》自汉末至唐，讲《丧服》者，可考其详。顾亭林谓六朝人之好处甚多，保存礼法即为一端。盖六朝人尊重丧礼，如陈寿"遭父丧有疾，使婢丸药，为乡党所贬议"。由今观之，不足为异。又如晋惠帝之愍怀太子，为贾皇后毒死，后惠帝明其冤，为之服丧三年。由此可见六朝人之重丧礼矣。父为长子三年，此礼致明方废。《丧服》历唐至宋不废，明人遵行《丧服》犹较清人为重。惟《丧服》历代有所改变，至清则大误矣。自汉末至六朝，均依《仪礼》无甚出入。唐人始改父在为母齐衰三年。在《仪礼》有曾祖服，而无高祖服。唐人加高祖之服三月，曾祖改为五月。其不改者，如妇为舅姑，父为长子。至宋则妇为舅姑，与子为父同，其误因唐末礼渐不明。妇为舅姑，原为一年除服，惟除服后仍服青缣。照唐《开元礼》，妇为舅姑与为长子同。其后以女可从男服。至五代，妇从子服。当时刘岳《书仪》即改正之。宋初或言丧服应从唐旧，惟魏仁浦言妇子应同服。言子居苫块之中，妇服绮縠之服，不合情理。不知古人苫块，在未葬之前。丧服有变除，三月既葬，即不在苫块。期年即外寝，大祥即禫服。期年后，子已不在苫块之中。青缣亦非绮縠之服，仁浦皆不知，遂改妇与子同服矣。子为父惟有斩衰，而无齐衰。古人重父轻母，女子不贰斩，出嫁后为夫斩衰。子为父为斩衰，为长子亦为斩衰，明太祖改之。古人丧虽同服，而有"降服""正服""义服"之别。出嫁之女，为父为降服。父在为母为降服齐衰四升，臣为君为义服。妇为舅姑为义服。子为父及为自己兄弟为正服。各有不同父为长子斩衰系义服,与为父斩衰亦有粗细之别。明人则以降服、正服、义服一并废之,然唐《开元礼》有别,宋司马温公《家礼》亦尚如此,实为明人最荒谬之举。明人即无"父为长子斩衰"之服。又如古人为庶母惟缌衰三月,明太祖因爱沈贵妃之故,沈贵妃死,太祖命懿文太子服齐服杖期,太子难之。太祖问礼官,答以古庶母缌衰三月。太祖恨之,照古礼加四等,越小功大功而为齐衰。古人惟"父在为母齐衰杖期",与出母亦为齐衰杖期,余无齐衰之服。《丧服》慈母与母同,母死,庶母无子,父命之抚育,恩比生母,故与母同。无父命者,仅加一等为小功,至明人庶母与慈母同。又如殇服,古分长殇、中殇、下殇,古人以年二十成冠。以其未成人,改常服降一等为大功。常服有变时,惟殇服无变时,无变者,以其已降服矣。服虽降而恩重比于成人,明人废之,实属荒谬。清人无定制,其初服沿明旧。道光时,又行《大清会典》,古人以女子出嫁,为父降为祖不降,《大清律例》尚如此。大功小功,在《丧服》记为兄弟之服。古人不敢以兄弟之服服祖,《丧服》记仅言为人后者为父母降服,不言降祖。唐《开元礼》以下至明仿之,至《大清会典》祖降为大功,曾祖降为小功,高祖降为缌麻。考《丧服》有至尊旁尊之分,不知《会典》之降服将以为至尊乎?抑以为旁尊乎?旁尊则无服,至尊则不敢降,其谬误甚矣。《仪礼》《丧服》历代相沿,自宋一改。至《大清通礼》则全误矣。今人讣闻虽载"遵礼成服",实已不知何者为礼矣。今日欲用《丧服》除删尊降压降二条外,即可通行。除《丧服》外,唐《开元礼》尚可勉强应用。因唐人知礼者甚多,虽有改变,尚非有误。宋礼为魏仁逋所定,仁逋原不明礼。明礼为明太祖所自定。清人本无礼制,至《开元礼》虽非古礼,然大体尚与古礼相合。故今日欲保存中国之礼法,当留意于《丧服》与《开元礼》二者。

讲国学当以《孝经》《大学》《儒行》《丧服》四书为统宗。四书所讲,均为修己治人之道,综合四书不过万余字。即欲熟习,亦非难事。此外群经亦须讲习。而四史尤为立国之本。今日人嚣嚣以东三省非中国领土,查满州于汉为辽东郡,明则于辽宁一省,置辽东都指挥司于辽东。其组织如今之特别区域。在国联大会之颜惠庆不明东三省是否为中国领土,电讯马相伯,马相伯讯之于予,予抄此二条示之。译成英文,载诸《大陆报》,外人见之,始悟满州早属中国领土。中国人不明中国之历史地理,岂非可笑?故历史地理之学,实为立国之本。明日当为诸君再讲四史以明其为立国之本也。

关于《春秋》的演讲

《春秋》为史学之祖，班马之流，皆从之出。后人以其出自圣人，遽相推尊，名之曰经，而与史泾渭分矣！中国古无完全之史法，《尚书》记言，可称史矣，而略于日月，故如九年春，而不书元，后世遂有谓为文王之九年者矣，或有谓如武王之九年者矣。《尚书》称文武王皆曰，见于《逸周书》。《春秋》之出，当不在周初，《周礼》太师、外师、少师所言，皆不见于《春秋》。《春秋》起于周宣王时，《墨子·明鬼》篇引周之《春秋》，而周宣王事不举，而太史公《十二诸侯年表》，亦不纪宣王以前年月，盖可知矣。然此首出之《春秋》，周之《春秋》也，各国之《春秋》又有先后出者焉，厥始自晋，晋穆后生太子名之曰仇……然亦不纪年月，史迁《十二诸侯年表》亦不记之，此事在宣王时，则晋之有史，最先盖可知也，次秦文公初有史记，次宋，次齐，次鲁……隐公前一百十九年事无所记。厥故何耶？盖各国史法，悉由太史颁布，晋、秦近周，宋、陈稍远，齐、鲁更远，故国史亦先后出也。

世皆谓孔子作《春秋》，然《左传》曰："《春秋》之出，……非圣人孰能修之？"则《春秋》非孔子作，可知也。即孔子所修，亦寥寥耳！《左传》述孔子之意者，如宋杀其大夫孔父，及天王狩于河阳是也。然史迁又言其见于旧史，则此亦非夫子之创矣。

夫史者国家之公器，非可私自修删者也。孔子不在其位，不谋其政，不可得而修史。意者夫子与鲁太史相稔故以修史之事相属乎？私修国史者有罪——班固曾以此得罪——故夫子曰"罪我者其惟《春秋》乎？"又曰"其义则丘窃取之矣"，曰罪，曰窃，私修之意，显然可知。后人以孟子曰"天子之事也"，遂予夫子以天子之位尊之曰素王，又以左氏为素臣，谬矣！盖事者职也，职，记微也，从史；而史者，从又执中，司其事也，则知《春秋》乃官书，非司其事者，不得书也。太史公《六国年表》曰《史记》奏上记事，汉凡各郡国事皆须上之于太史令，则《春秋》者，鲁之《春秋》，非孔子之《春秋》也，明矣！然则鲁之太史为谁耶？《史记》曰"左邱明鲁之太史也"，左氏与孔子同气相求，——《论语》曰"左邱明耻之丘亦耻之"——则左氏以修史之事属孔子，固理势所可也。

周《春秋》与鲁《春秋》曷以别乎？盖周之《春秋》，天子之史也；鲁之《春秋》，诸侯之史也。诸侯之史，惟书国事，外国之事，赴而后书，不赴则不书。而赴告之确否，又不可得而辨也，其中谬误，自不可免。孔子心知其谬，故观史于周，盖非欲为《春秋》经而欲为《春秋》传也。及至左氏，乃成其书，后人皆曰"左氏因孔子《春秋》而作《左氏传》"，实则所因者，孔子观于周室之《春秋》也。故有见于经而不见于传者矣，有经所无而传载之者矣，盖以此也。桓谭《新论》云"经如衣之有表，传如衣之有里，相辅而行"，故左氏乃作《左传》以传经文也。则《左传》之作，不出于左氏，必出于孔子矣，否则孔子观周室之史，将何为哉？且圣门弟子之言《春秋》者，除曾子外，言者盖寡，岂不以事迹不比理论，可以空言胜也耶？惟左氏与孔子同司其事，故得而述之也。或有疑《左氏传》中，记及赵襄子之死，以为邱明之年，不及其时，然卜子寿登耄耋，邱明之年，或亦与卜子相次，则固能及之矣。

汉戴宏又倡卜子授《公羊春秋》之说，殆亦以卜子、邱明同登寿考，故傅会其言耳！考《公羊》师承渊源，实不及游、夏之世。盖世说《公羊》传五世而至汉之胡毋生，胡传董仲舒，上推其年，盖不相及也。且《公羊》之出，后于《谷梁》，谷梁及见尸子，尸子与商鞅同时，谷梁又及传荀卿，则谷梁者，殆与孟子、淳于髡同时者也，而《谷梁》所引诸子，《公羊》均冠一子字，如子沈子是也，古例冠子者，师之尊称，则谷梁之友，皆公羊之师也，先后之迹，盖可知矣！又有《公羊》误用《左氏》《谷梁》者，如《左氏》定三年传楚止蔡侯，蔡侯归，及汉执玉而沈，曰"余所有济汉而南者，有若大川！"《谷梁》亦纪其事与《左氏》相应，盖汉水者楚汉之道也，《公羊》乃改"汉"曰"河"，遂大误矣！亦足见《公羊》后于《左氏》及《谷梁》者也。秦博士答二世，有"君亲无将，将而诛焉！"盖用《公羊》语。又汉博士为高帝议谥，有"拨乱世反之正"之语，亦出《公羊》，则秦汉之间，乃有此传。意者高尝入秦，或在博士诸生列也。孟子言《春秋》有与《公羊》同者，则《公羊》采孟子也。且《谷梁》谬误，少于《公羊》，亦可见《公羊》稍后，致以所误为多，此三传之源流也。

《春秋》以日月为例，亦后世之谬说。《春秋》虽记日月，实非用以为例，日月为例之说，倡自《公羊》。盖《谷梁》与尸子为友，而尸子为商鞅之师，得见秦史，不载日月，遂据以为言，其实朝聘会同之事，至后世而益繁，故书日月，庶不相误。《谷梁》不言所据，《公羊》遂误倡其说耳！

又有谓《春秋》以一字定褒贬，是尤可笑，杜预云"《春秋》不如《易》之爻卦，可相错综"。盖增减字句，自所难免，如吴人、鄫人皆曰人，盖用字之关系耳！非以褒贬，义至了然者也。

左邱明既作《春秋左氏传》以授曾参，参授吴起，起授子期，期授楚人铎椒，椒为魏王傅，魏王不能尽读《春秋》，椒乃为简篇，凡四十章，故后之言《春秋左氏》者，如韩非、吕不韦皆据椒之简篇，此本《谷梁》亦见之，故有用《左氏》者，盖据此本。如《左氏》"公矢鱼于棠"，《谷梁》曰"观鱼于棠"。又《左氏》"齐人来归卫俘"，《谷梁》曰"齐人来归卫宝"，又《左氏》"晋荀吴帅师败狄于大卤"，《谷梁》曰"败狄于太原"。可见《谷梁》用《左氏》文而稍改，不然，不应相合如是。其所抄袭，如此数条者用铎椒简本也。

《公羊》后于《谷梁》，亦有据《左传》而改者，然疵误之处迭出矣！如《春秋》齐栾枝来奔，《谷》《左》皆然，《公羊》则曰"晋栾枝来奔"。又"郑公孙夏帅师伐陈"，《公羊》改"夏"为"噩"，而齐仲孙来，《公羊》则曰"齐仲孙，其鲁仲孙欤？"盖见其上下文有鲁仲孙，故以《春秋》解《春秋》，不知他经皆可以经解，独《春秋》不可以经解也。《公羊》之弊，一则以《春秋》为《春秋》，一则以一字定褒贬，考厥出来，盖以不见国史，致有误传也。

后世之附会《公羊》者，倡黜周尊鲁之说，新周故宋之言，皆极可笑！夫《春秋》鲁之《春秋》也，非周之《春秋》也。故以鲁元纪年，不用周之年号，势所然也；夫子曷尝黜周等鲁哉！且夫子重礼正名，又乌有降周为诸侯，而尊鲁为君之理哉！至于新周故宋，说尤可笑，盖宋弑其君及其大夫孔父，传曰"不称名，盖为祖讳也，孔子故宋也"。《公羊》误读其文，而曰故宋，又误于"成周宣谢灾"下处新周之文，以偶之，遂有新周故宋之误矣！

又有以《春秋》春王正月，春王二月，春王三月，以为《春秋》合用三正而有通三统之说，遂以汉制寅之制，本于《春秋》。然考诸钟鼎，夏秋冬，亦多有夏王秋王冬王之称，则知古制如此，后以过烦，故举春以概其余年。《公羊》明言大一统，盖得其实，曷尝有通三统之言哉！

《公羊》又言所见异词，所闻异词，所传闻异词，以为所见太平之世也，所闻升平之世也，所传闻拨乱反正之世也，分《春秋》为三时期，而不知《春秋》二百四十年，皆拨乱反正之世也。

《左氏》曰："卿可会伯子男。"《公羊》则曰"伯子男一也"。

伯子男同称者，如《国语》"诸侯有卿无军，伯子男有大夫无卿，天子势贵也，以公侯为官正，以伯子男为师旅"。然周制公为一等，侯伯为一等，子男为一等，及至《春秋》以往，则所改已多，然不可谓伯子男为一等，则可知也。

尚有三传所同而其名后出者，如内诸侯而外夷狄，三传同之，诸夏指其君，夷狄指其国，名曰狄曰戎是也，及《公羊》乃有其名。

汉谓书孔子作《春秋》记世卿专政，三传皆同有之，如季氏出君等是也；然《左氏》之言世卿，曰鲁之季氏，齐之陈氏，晋之赵氏，《公》《谷》乃曰齐为崔氏，鲁为尹氏，然崔氏在齐，与高国氏不和，不久即败，尹氏未专鲁政，亦非世卿，盖以《左氏》之言为得。盖《左传》纪三家专晋，季氏出君而止矣。

或者又以为《春秋》作而乱臣贼子惧，则胡为书君之恶？不知董狐之记崔杼，使人知其罪而伐之所以警臣下也；孔子作《春秋》，所以戒人君也。君无恶政，则人臣不得施其贼矣！盖《春秋》之世，弑君篡国之事，迭作并兴，故学者多有法家色彩，故《老子》曰"国之利器不可示人"。皆使人君知所为也，人君善则乱臣贼子惧矣！否则大奸巨猾，岂惧后史书一名字便足止当前之利禄哉？后人误会，乃有口诛笔伐之语，误矣！

综之，三传大处多有同者，不然，则立其一而其二可废矣，何为迭有兴废，而终能并存哉？

论读经有利而无弊

居今而言读经，鲜不遭浅人之侮，然余敢正告国人曰："于今读经，有千利无一弊也。"兹分三段论之：

一、论经学之利；

二、论读经无顽固之弊；

三、论今日一切顽固之弊，反赖读经以救。

一、所谓经学之利者，何也？曰儒家之学，不外修己治人，而经籍所载，无一非修己治人之事。《论语》"兴于诗，立于礼，成于乐"。又"不学诗，无以言；不学礼，无以立"。皆修己之道也。《周易》爻象，太半言修己之道，故孔子称"五十以学《易》，可以无大过"。夫修己之道，古今无二，经籍载之，儒家阐之，时有不同，理无二致。孔子以后，儒分为八，论其归趣，不相乖违。孟、荀二家，论性有别，而祈向攸同。厥后汉儒重行，宋人尚理，或实事求是，或旁参佛、老，要之，不能不以经为本。是故无论政体如何改易，时代如何不同，而修己之道，则亘古如斯；治人则稍异，古今异宜，习俗不同，不得不斟酌损益，至于尽善。吾人读二十五史，法其可法，戒其可戒，非语语尽可取也。《尚书》《周礼》《春秋》，性质与历史为近，读之亦当如是。夫读史之效，在发扬祖德，巩固国本，不读史则不知前人创业之艰难，后人守成之不易，爱国之心，何由而起？经籍之应入史类而尤重要者，厥维《春秋》。《春秋》三传虽异，而内诸夏外夷狄则一，自有《春秋》，吾国民族之精神乃固，虽亡国者屡，而终能光复旧物，还我河山，此一点爱国心，蟠天际地，旁礴郁积，隐然为一国之主宰，汤火虽烈，赴蹈不辞，是以宋为元灭而朱明起，明为清灭而民国兴。余身预革命，深知民国肇造其最有力者，实历来潜藏人人胸中反清复明之思想也。盖自明社既屋，亭林、船山诸老倡导于前，晚村、谢山诸公发愤于后，攘夷之说，绵绵不绝，或隐或显，或明或暗，或腾为口说，或著之简册，三百年来，深入人心，民族主义之牢固，几如泰山磐石之不可易，是以辛亥之役，振臂一呼，全国响应，此非收效于内诸夏外夷狄之说而何？方今天方荐瘥，载胥及溺，诸夏岾危，不知胡底。设或经学不废，国性不亡，万一不幸，蹈宋明之覆辙，而民心未死，终有祀夏配天之一日。且今日读经之要，又过往昔，在昔异族文化，低于吾华，故其入主中原，渐为吾化，今则封豕长蛇之逞其毒者，乃千百倍于往日，如我学人，废经不习，忘民族之大闲，则必沦胥以尽，终为奴虏而已矣。有志之士，安得不深长思哉！要之，读经之利有二：一、修己；二、治人。治人之道，虽有取舍，而保持国性实为最要。

二、所谓读经无顽固之弊者，何也？曰经学本无所谓顽固也。

谥经学以顽固,盖出诸空疏不学辈之口,彼略识点画,苦于九经、三传之不尽解,而又忝拥皋比,深恐为学子问难所穷,故尽力抹杀,谥以顽固。少年浮躁,利其便己,从而附和,遂至一世波靡,良可愤叹。夫经史本以记朝廷之兴废,政治之得失,善者示以为法,不善者录以为戒,非事事尽可法也。《春秋》褒贬,是非易分,而《尚书》则待人自判,古所谓《书》以道政事者,直举其事,虽元恶大憝所作,不能没也。例如《夏书·五子之歌》序谓"太康失邦,昆弟五人,须于洛汭,作《五子之歌》"。此文已佚,而伪古文有之,载五子作歌之意,甚见忠正。段玉裁《古文尚书撰异》谓"《尚书》不当以歌名篇,盖五子者,当时之亡国大夫也"。屈原《离骚》"启九辨与九歌兮,夏康娱以自纵;不顾难以图后兮,五子用失乎家巷"。《楚语》"士亹曰:尧有丹朱,舜有商均,启有五观,汤在太甲,文王有管、蔡,是五王者,皆元德也,而有奸子"。韦昭注:"五观,启子,太原昆弟也。"观,洛汭之地。据此,则《五子之歌》者,五子往观耳。之,训往;歌、观,声通,故讹也。太康为失国之君,五子为致乱之臣,道太康以畋游者,即此五人,史臣书之,一如《晋书》之纪惠帝与八王耳。又《胤征》序谓"羲和缅淫,废时乱日,胤往征之,作《胤征》"。《史记·夏本纪》谓"《胤征》,仲康时作"。伪孔传言"羿废太康而立其弟仲康"。孔颖达正义谓"仲康不能杀羿,必是羿握其权"。然则《胤征》者,令之羿正也。羲和为掌日之官,故后世有后羿射日之说,此事与曹操之灭袁绍、吕布,司马昭之灭诸葛诞无异。《尚书》录之,如《后汉书》《三国志》之记曹氏、司马氏之事矣。兴废大端,不得不载,岂尽可为法哉?孟子曰:"吾于《武成》,取二三策而已矣,以至仁伐至不仁,何其血之流杵也?"《武成》今佚,据《汉书·律历志》所引,文与今《逸周书·世俘解》略同。观其所言,知"武王伐纣,杀人盈亿"。语虽过甚,要之,总不能尽诬,此与后之项羽伐秦何异?秦已无道,而羽之烧宫室、坑降卒、毒螫所及,更甚于秦,此岂可以为训?而史官书之,所以然者,兴废大端,不得不载也。苟有是非之心,不至如不辨菽麦之童昏,读之无有不知抉择者,孟子言之甚明,何谓读经必致顽固哉?

若夫经国利民,自有原则,经典所论政治,关于抽象者,往往千古不磨,一涉具体,则三代法制,不可行于今者自多。即如封建之制,秦、汉而还,久已废除,亦无人议兴复者,惟三国时曹元首作《六代论》,主众建诸侯,以毗辅王室;及清,王船山、王昆绳、李刚主等亦颇以封建为是,此皆有激而然。曹愤魏世之薄于骨肉,致政归司马;王、李辈则因明社覆亡,无强藩以延一线,故激为是论,若平世则未有主封建者矣。余如陆机《五等论》,精采不属,盖苟炫辞辩,而志不在焉,则不足数已。其次世卿之制,自《公羊》讥议以后,后世无有以为是者。唯晋世贵族用事,盖以九品中正定人材,其弊至于上品无寒门,下品无世族,自然趋入世卿一途,然非有人蓄意主张之也。二千年来,从无以世卿为善而竭力主张之者,有之,惟唐之李德裕。德裕非进士出身,嫉进士入骨,以为进士起自草茅,行多浮薄,宜用仕宦子弟以代之,此则一人之私念,固未有和之者也。又如肉刑之法，自汉文帝后，亦无人昌言复古，王符、崔定、仲长统之流，颇主严刑，诸葛武侯治蜀，亦主严峻，然均未及肉刑也。惟魏之钟繇、陈群，尝议复之，然群制定魏律，终亦不主肉刑，足知一时之论，亦自知其不可行矣。又如井田之制，秦、汉而后，惟王莽一人行之，诏以天下田为王田，禁民间不得卖买，然卒以致乱。若宋时张子厚行之于乡，要为私人之试验，非朝廷之定制。清初，颜李派之王昆绳、李刚主辈，亦颇有其意。余意王、李辈本以反清为鹄，其所云云，或思借以致乱，造成驱满之机耳。以故满清一代，痛恶主张封建、井田之人。总计三千年来，主张封建、世卿、肉刑、井田者，曹元首、王船山、王昆绳、李刚主、李德裕、钟繇、陈群、王莽、张子厚九人而已。此九人者，除王莽外，或意有偏激，或别含作用，固不可尽斥为顽固；就云顽固，二千年来，亦不过九人而已。

外此尚有一事足资讨论者，则什一之税是已。按什一而税，《春秋》三传及孟子之书，无不以为善制，《公羊》言什一行而颂声作，孟子谓"轻则大貉、小貉，重则大桀、小桀"，以为什一而税，乃税则之中。然汉初什五而税一，文、景减赋，乃三十而税一，自兹以还，依以为准，即今苏、松赋税，最为繁重，然与全国轻税之地平均计算，亦无过三十税一者。故自汉后税法观之，则什一之税，已为大桀、小桀，前代尊信孟子，不敢昌言驳议，多泛泛释之，然亦从无主张是者，有之，惟王莽一人而已，莽亦卒以致乱，后人引以为戒久矣。

举此五事，以见古今异宜，凡稍能观察时势者，盖无人不知，何得谓读经即入顽固哉？且自明至清末，五百四十年，应试之士，无不读经者，全国为县千四百有余，县有学府，州又有学，为数不下一千六百区，假定每学有生员二百名，以三十年新陈代谢，则此五百四十年中，当有五百四十万读经之人。试问其中主张封建、世卿、肉刑、井田、什一之税者有几人哉？上述九人，生明代以后者，仅三人耳。试问此三人之力，能变易天下之耳目耶？能左右政治之设施耶？况其云云，复各有作用在乎？夫无证验而必之者，非愚即诬。今谓读经为顽固，证于何有？验于何有？且读经而至于顽固，事亦非易，正如僧徒学佛，走入魔道者，固不数数见也，何为因噎废食而预为之防哉？

三、所谓今日一切顽固之弊，反赖读经以救者，何也？曰有知识之顽固者，泥古不化之谓也；有情志之顽固者，则在别树阶级，不与齐民同群，声音颜色，拒人于千里之外也。夫知识之顽固易开，而情志之顽固难料，信如是，则今日学校毕业之士，其能免于顽固之诮者几希！吾观乡邑子弟，负笈城市，见其物质文明，远胜故乡，归则亲戚故旧，无一可以入目。又，上之则入都出洋，视域既广，气矜愈隆，总觉以前所历，无足称道，以前所亲，无足爱慕，惟少数同学，可与往还，舍此，则举国皆如鸟兽，不可同群，此其别树阶级，拒人千里，非顽固而何？昔日士人，涵泳《诗》《书》，胸次宽博，从无此等现象，何者？"君子忧道不忧贫，士志于道，而耻恶衣恶食者，未足与议"。"衣敝缊袍，与衣狐貉者立而不耻"。

此等言语，濡染既久，虽慕富贵，患贫贱之心不能遽绝，而自有以维系之也。若夫盐商子弟，无过人之才，恃钱刀之力，纳赀入官，小则州县，大则道员，顾盼骄人，俨然自命为官长，此最顽固之甚者，而人之嗤之者众矣。然如此者，为数亦不甚多，非若今之学校，每年必铸造数千百人也。非直如是，今者新奇之说，流为格言，日驱人于顽固而不返者，曰"发展个性也"。曰"打倒偶像也"。发展个性，则所趣止于声色货利，而礼义廉耻一切可以不顾。打倒偶像者，凡一切有名无形者，皆以偶像观之，若国家，若政治，若法律，若道德，无往而非偶像者，亦无往而不可打倒者。洵若是，则于禽兽奚择焉？世以是乱，国以是危，而种族亦将以是而灭亡矣。今学校之弊，既至如此，而国家岁费巨亿，以育人材，卒造成特殊之盐商子弟，长此以往，宁堪设想？论者不自病其顽固，而反惧经学之致顽固乎？

余以为救之之道，舍读经末由。盖即前者所举《论语》三事，已可陶熔百千万人。夫如是，则可以处社会，可以理国家，民族于以立，风气于以正。一切顽固之弊，不革而自怯，此余所以谓有千利无一弊也。质之诸君，以为然耶、否耶？

论经史儒之分合

经之所该至广，举凡修己治人，无所不具。其后修己之道，衍而为儒家之学。治人之道，则史家意有独至，于是经史遂似判然二途。夫所谓经者何指乎？大纲二字，允为达诂。《韩非》内、外储三篇，篇各有经，造大纲于篇端，一若后世艺文之有目录。《管子》有经言、外言、短语、区言、杂篇，而经言居首，盖纲之在纲，义至重要。《墨子》有《经上》《经下》，次有《经说》上下，一如后世之分经传。大抵提出宗旨曰经，解说之者为说。简要者为经，详尽者曰说曰传。后世儒家、史家，辞繁不能称，遂别称为子为史，溯其朔一而已矣。

古无史之特称。《尚书》《春秋》皆史也，《周礼》言官制，《仪礼》记仪注，皆史之旁支。礼、乐并举，乐亦可入史类。《诗》之歌咏，何一非当时史料。大小雅是史诗，后人称杜工部为诗史者，亦以其善陈时事耳。《诗》之为史，当不烦言。《易》之所包者广，关于哲学者有之，关于社会学者有之，关于出处行藏者亦有之。其关于社会进化之迹，亦可列入史类，故阳明有六经皆史之说。语虽太过,而史与儒家,皆经之流裔,所谓六艺附庸,蔚为大国,盖无可疑。

《周礼》大司徒教万民而宾兴之,六德、六行、六艺而已。六艺者,礼、乐、射、御、书、数。《记》又有春夏教《诗》《书》,秋冬教《礼》《乐》之说,则已备有四经。而《易》不以教士,专为卜筮之守,其后亦得免于秦火。《春秋》为国史,民间所不得见。《尚书》则古史,非当代史,且各自为篇,无年月以比次,历代兴废,所记不全,如《夏书》已有《甘誓》《五子之歌》《胤征》诸篇,然于后羿、寒浞之篡弑,少康一旅之中兴,均缺焉不载。故《书》虽以道政事,而不得称为完具之史。惟《春秋》编次年月,体例始备,奠定史基,当弗外是。第《春秋》之作,昉于何时?杜元凯《春秋释例》谓为周公之旧典。余观《周官》五史,未及《春秋》一语。小史掌邦国之志,殆方志类耳。以周公之思兼三王,犹未备编年一体,可见当时对于此道尚疏。余谓《春秋》之作,当起于西周之末。太史公《十二诸侯年表》始于共和元年,前此则但称世表,而弗能次其年月。《墨子·明鬼》篇历引周、燕、宋、齐之《春秋》,至杜伯射王而止,可见周宣以前,尚无《春秋》。《春秋》既记当代之事,民间不得习睹,惟贵族或可得见,故《晋语》司马侯称羊舌肸习于《春秋》,悼公即召傅太子。《楚语》士亹傅太子箴,问于申叔时,叔时曰教之《春秋》《世》《诗》《礼》《乐》《令语》《故志》《训典》。《令语》《故志》《训典》,皆《尚书》家言;《故志》即邦国之志。盖《尚书》不专记王朝,如《费誓》《秦誓》,

— 111 —

皆邦国之志也。《世》即《世本》，为《春秋》家言。由此知公侯子孙，乃得一读《春秋》。其他教万民之术，止有《诗》《书》《礼》《乐》而已。管子相齐，其教颇广，故《山权》数篇，言《诗》以记物，时以记岁，《春秋》以记成败，行者道民之利害，《易》者所以守凶吉成败，卜者卜凶吉利害，民之能此者皆与之一马之田一金之衣。所谓行者，即《周礼》小行人所掌，辨别每国之五物，亦即方志之类也。管子悬此以求士，可见当时齐国之士，能全读此者亦不数觏。孔子教人，平时亦止《诗》《书》《礼》《乐》。五十学《易》，习之已晚。《春秋》则西观周室，论次史记旧闻，作于获麟之后，非当时教人之学。故《易》与《春秋》，虽经管仲提倡，而孔子以前通之者究无多人也。自孔子定六经之名，然后士得通习，前此盖未有人言六经者。《汉书·艺文志》本于《七略》，凡《春秋》二十三家，《国语》《国策》《楚汉春秋》《太史公》《汉著记》，均在六艺略中，未尝别立史部。迨晋荀勖《中经簿》，经史乃歧而为二。此因史籍过多，不得不离《春秋》而独立，实则史与《春秋》不能相离。太史公作《史记》，即欲上继《春秋》。班固作《汉书》，其于十二本纪亦自称为《春秋考纪》。直至晋、宋，孙盛、习凿齿仍自名其书曰《晋阳秋》《汉晋阳秋》，盖袭用经名者，惟史籍为可，否则扬雄撰《太玄》以拟《易》，撰《法言》以拟《论语》，论者斥为吴楚僭王，而于史家之自称《春秋》，殊无贬词，盖史本《春秋》嫡系也。

　　刘知几《史通》言《尚书》记言，《春秋》记事。此亦不然。《尚书》亦有记事之文,《禹贡》即记地理,《顾命》即记丧事。盖《尚书》为史法未具之书,集合档案而成之,非专以记言也。故后人作史,法《春秋》不法《尚书》,且法传而不法经,如《两汉纪》及《资治通鉴》皆是。惟王通《元经》,乃自比《春秋经》。其书元年春帝正月,是也。须知《春秋》为鲁史,有周天子在,不得不系正朔于王,南北朝各皆自主,称帝正月何为?又通以祖宗所在国为正统,刘宋时在南,故认宋为正统。齐初迁魏,则以正统予魏。隋代平陈,混一区夏,则称晋、宋、齐、梁、陈亡,此皆酿成笑柄者也。其后朱晦庵法《春秋》而作《纲目》,盖以余力为之,非精心结撰者,且大都为其弟子赵师渊所作。元明之间,颇有继作。至清渐少,实因《春秋》经文不易效法,作史者只可法传不可法经,至《尚书》更无法之者矣。历代史籍,一以纪传为主,与《春秋》亦多异趣。惟本纪、编年,纪录大体,正似《春秋》。若表、志则《春秋》未始有之。故《隋书·经籍志》称《史》《汉》为正史,而以《两汉纪》《晋阳秋》《汉晋春秋》隶古史。盖《史》《汉》大体,虽取法《春秋》,而亦兼涉六经,如《礼志》《乐志》,即取法于《周礼》《仪礼》《乐经》。后代之史,志、表或付阙如,而纪、传一准《史》《汉》。史之应入《春秋》家者,其故在此。

　　清儒段玉裁谓十三经应扩为二十一经,即加《大戴礼》《国语》《史记》《汉书》《通鉴》《说文》《周髀算经》《九章算术》八种。斯言颇为卓荦。《国语》本在《汉志》经部,《大戴》《小戴》,亦自古并称。《说文》宜与《尔雅》并峙。《史》《汉》《通鉴》

为史学典型，其列入经部宜也。惟《算经》《算术》，《艺文》不入经部，未宜阑入。然此十九经字数浩繁，学者未易成诵，计十三经共五十余万字，《史记》五十余万，《汉书》八十余万，《通鉴》百三四十万，加以《国语》《大戴》《说文》不啻二十万，合共三百余万字，比十三经字数六倍，诵习者将日不暇给，况二十四史合计三千余卷，段亦仅举其主要者而已。惟史之宜习。吾已不惮烦言，而经史之不必分途，段氏已有独得之见，清儒中盖未能或之先焉。

儒家之入子部，《汉书·艺文志》已然。儒家之言，关于修己之道独多，论及政事者亦不少。孔子言兴于《诗》，立于《礼》，成于《乐》。《诗》《礼》《乐》本以教人修己。一部《论语》，言修己之道更多。今《论语》入经部，实则《论语》为孔氏一家之书，亦儒家言耳。《论语》既入经部，则若《孟》《荀》等无一不可入经部。惟因篇帙太繁，不得不揭称儒家以冠九流之首。后人疑《孟子》不应入经部，如论其源流，实无大背谬也。经兼修己治人，史则详治人而略修己。自《论语》出而修己之道灿然大备，儒之可重者在此。原夫史之记载，多帝王卿相之事，罕有言及齐民。舜虽耕稼陶渔，终登帝位，史亦不能详其初事。周公制礼作乐，而礼犹不下庶人，与齐民修己鲜涉。惟孔子出身编户，自道甘苦，足使人得所效法。夫子之贤于尧、舜，亦其地位使然也。孔子以前，为帝王而立言者实多，为平民而立言者盖寡。东家之邱，人固以细民易之。孔子亦自言吾少也贱，故多能鄙事。其后为委吏为乘田，能会计当而牛羊壮，又《檀弓》南宫绍之妻之姑之丧，夫子诲之髽，则夫子于细民鄙事，能者实多，故能疏食饮水曲肱而枕不改其乐。以历经困厄之人，甘苦自知，言之自能亲切，而修己之道亦因之圆满。其后孟、荀二儒，益能发挥尽致。《汉志》入《孟》《荀》于儒家者，以分部时当然，实则渊源无异也。如此则经史二部，亦固可合于儒。若六经皆史之说，微有语病，因经所含不止史学，即儒家之说亦在其内也。

今教人读经，要在策人记诵，而史传及儒家学说，无不当悉心研究。儒之与史，源一流分，虽儒谈政治，史亦谈政治，而儒家多有成见，渐与史有门户之分。然无儒家，则修己之道不能圆满。而治人之道，欲其运用有方，则儒家亦往往有得之者。孟、荀二公，不得其位，不论。汉初所谓儒者，若叔孙通、娄敬、郦食其、陆贾四人，无不长于应用。叔孙制礼作乐，不失儒家面目。娄敬乃一策士，而定都关中，敬实主之；与匈奴和亲，亦敬主之。郦生虽似迂阔，然能以口舌下齐七十余城，设不为韩信所卖，当亦不至就烹。陆贾说赵佗去黄屋称制，才调与纵横家相近，名之曰儒者，以其本业为儒耳。前此孔子弟子，如子贡之存鲁乱齐破吴霸越，亦纵横家之前驱。后此汉文时之贾谊，才气较前数人为高，而惜不得其位以死。观此数子，则古儒者固多有用之材矣。若专门说经之士，往往乏运用之术。孔子以来，惟吴起、杜预二人为有干略，他若公羊、谷梁与其传授之徒无有以功名显者。又如孔子传《易》于商瞿，中经数传以至汉世，亦无以功业显于当代者。余若传《诗》之高子、孟仲子，传《礼》之高堂生，传《书》之伏生，皆无事迹可见，盖纯粹经师，往往不涉世务，故功业短于儒家。然则经典治人之道，非儒家固不能运用，有赖于儒家者以此。

　　承平之世，儒家固为重要。一至乱世，则史家更为有用。如《春秋》内诸夏外夷狄，树立民族主义。嗣后我国虽数亡于胡，卒能光复旧物，即收效于夷夏之闲也。孔子作《春秋》，《孟子》《公羊》皆言其事则齐桓、晋文。试问《春秋》之异于旧史者安在？盖以前皆言帝王之道，《春秋》则言霸主之道，故三传无不推尊齐桓，而《论语》且言"微管仲吾其被发左衽矣"。春秋之季，戎夏交摔，若无霸主，将不独伊川之见野祭而已。又观管仲以前，以尧、舜、禹之圣明相继，传至仲康父子，已为夷羿所篡，盖保持中国太平者不过三百年耳。《商书》简略，四夷之事不详。而太王避狄去邠，可见商国之威，亦不能詟服狄人。至文王胜狎狁伐西戎，周公兼夷狄驱猛兽，然后王业以定，国威以立，然不及四百年，而幽王死于骊山之下。逮管仲出，则中国不困于异族者九百余年。盖自齐桓伐山戎救邢卫，其后晋灭赤狄，至战国时，国威益振，秦初灭大荔之戎，后灭义渠之戎，惠王用司马错，西并巴蜀。赵武灵王北收云中九原，燕将秦开，却东胡千余里，置辽东、辽西郡，疆上远及朝鲜。楚则庄蹻兵定滇池。战国之势，制夷而不制于夷，其方略皆有所自来。至秦始皇时，略定陆梁，置桂林、南海、象郡。赵佗更役属瓯骆，至汉时改为九郡。而云南亦于汉武时征服。秦虽残暴，其对外之功，自不可没。汉至宣帝时，西域三十六国，尽隶都护。汉人对于藩国，务握其实权，不若后代之徒求虚名也。西汉自武帝以后，胡人不敢南下。王莽末，中国虽乱，而匈奴始终不能蚕食边地。后汉兵威不及前汉，然班超以三十六人定西域。三国分裂，异族亦不敢内侵，魏武斩蹋顿，司马宣王灭公孙渊，兵威犹震于殊俗。至晋室平吴，骨肉相残，然后有五胡之乱。自管仲至此凡九百余年，递相祖习，使中国有金瓯之势，其泽不可谓不长矣。孔子之服管仲者以此。

吾今称此九百年为霸期，以此九百年中，政令虽有宽猛，大氐皆管仲余势所持也。前乎霸期者，商、周攘夷之功，殊不及此。后乎霸期者，则自两晋以逮隋室，戎夏交捽者几三百年。太宗武功极盛，但自隋文平陈至天宝十四年，历时仅一百六十余年，安史之乱，已毒遍中原。继受吐蕃、回纥之侮，异族又骎骎驾中国上矣。其后五代扰攘，李存勖、石敬瑭、刘知远皆沙陀部落，石且以燕云十六州割让契丹。宋兴亦无如之何。河北境土，日蹙日削，勉强支持百五六十年，金人起而汴梁不守矣。南渡偏安，更不足论。及蒙古混一，中国沦于夷狄者八十九年。明之兴，始得光复旧物，其胜于唐、宋者有数端焉。洪武收复辽东，征服云南。永乐更灭安南，改设行省。使节远至斐州，南洋岛夷，莫不詟服。及土木之变，英宗北狩，而丧君有君，不必为肃宗之即位灵武，亦不至如徽、钦之羁死五国，卒使也先礼送英宗南还。世宗时俺答入寇，终受敕封而去，直至万历季年，群阴构祸，努尔哈赤起，明乃渐以不振。此盖天子守边，人自不得不致死于驱除异族也。自霸期既毕，能保持攘夷之功者，惟朱明一代而已。霸期以前，西周保持不过三百余年；霸期以后，朱明保持二百五十余年。独此霸期中，保持至九百年，管仲之功真不在禹下矣。孔子作《春秋》，焉得不称齐桓、晋文哉？孟、荀生于中国强盛之时，故小管仲而羞桓文。如生于东晋之后，当亦不言管仲功烈之卑也。儒家对于历史，往往太疏，不综观事之本末，而又有门户之见，故其立论不免失中。孔子作《春秋》，确立民族主义。三传释经，虽有不同，而内诸夏外夷狄之义则一。管仲建此功，孔子立此义，以故中国屡亡，而卒能复兴。是以承平之世，虽有赖于儒家；而国亡再起，非归功于史家不可。今者外患日深，骤图富强，谈何容易？惟有立定民族主义，晓然于非我族类其心必异，本之《春秋》，推至汉、唐、宋、明诸史，人人严于夷夏之防，则虽万一不幸而至下土耗斁，终必有复兴之一日也。

今吾人言读经尊孔，而敌人亦言读经尊孔，鳃鳃者深恐将来为敌人愚弄。吾谓不然。民族意识之凭借，端在经史。史即经之别子，无历史即不见民族意识所在。盖凡百学术，如哲学，如政治，如科学，无不可与人相通。而中国历史，除魏、周、辽、金、元五史，断然为我华夏民族之历史，无可以与人相通之理，故吾人读经主旨，在求修己之道，严夷夏之辨。前此满清入关，何尝不思以读经尊孔，愚弄吾人？玄晔、胤禛，出其雷霆万钧之力，威胁利诱，卒之民族主义，历劫不磨。盖读书种子不绝，《春秋》内诸夏外夷狄之义长在人心，一触即发，何惧乎异族？何畏乎愚弄？若至经史道丧，儒学废绝，则吾炎黄裔胄，真沦于九幽之下矣。

下篇·章太炎观诸子争鸣

诸子流别

讲论诸子,当先分疏诸子流别。论诸子流别者,《庄子·天下篇》《淮南·要略训》、太史公《论六家要指》及《汉书·艺文志》是已。此四篇中,《艺文志》所述最备,而《庄子》所论多与后三家不同。今且比较而说明之。

《天下篇》论儒家,但云"其在于《诗》《书》《礼》《乐》者,邹鲁之士,搢绅先生多能明之",而不加批判。其论墨家,列宋钘尹文,而《艺文志》以宋钘入小说家,以尹文入名家。盖宋钘以禁攻寝兵以外,以情欲寡浅为内,周行天下,上说下教,故近于小说。而尹文之名学,不尚坚白同异之辨,觭偶不仵之辞,故与相里勤、五侯之徒南方之墨异趣。其次论彭蒙、田骈、慎到,都近法家。《艺文志》则以慎到入法家,以田骈入道家,是道家、法家合流也。田骈当时号为"天口骈",今《尹文子》又有彭蒙语,是道家、名家合流也。道家所以流为法家者,即老子、韩非同传,可以知之。《老子》云:"鱼不可脱于渊,国之利器不可以示人。"此二语是法家之根本。惟韩非子能解老、喻老,故成其为法家矣。其次论老聃、关尹,同为道家,而矣之道术又与异趣。盖老子之言,鲜有超过人格者,而庄子则上与造物者游,下与外死生、无终始者为友,故有别矣。惠施本与庄周相善,而庄子讥之曰:"由天地之道,观惠施之能,其犹一蚊一虻之劳,与物何庸!"即此可知尹文、惠施同属名家,而庄子别论之故。盖尹文之"名",不过正名之大体,循名责实,可施于为政,与荀子正名之旨相同。若惠施、公孙龙之诡辩,与别墨一派,都无关于政治也。然则庄子之论名家,视《艺文志》为精审矣。其时荀子未出,故不见著录。若邓析者,变乱是非,民献襦裤而学讼,殆与后世讼师一流,故庄子不屑论及之欤?

《要略》首论太公之媒为道家,次论周、孔之训为儒家,又次论墨家,又次论管子之书为道家,晏子之谏为儒家,又次论申子刑名之书、商鞅之法为法家。比于《天下篇》,独少名家一流。

太史公《论六家要旨》,于阴阳、儒、墨、名、法五家,各有短长,而以黄老之术为依归。此由身为史官,明于成败利钝之效,故独有取于虚无因循之说也。昔老聃著五千言,为道家之大宗,固尝为柱下史矣,故曰:"道家者流,出于史官。"

《艺文志》列九流,其实十家。其纵横家在七国力政之际,应运而起,统一之后,其学自废。农家播百谷,勤耕桑,则《吕览》亦载其说,至于君臣并耕,如孟子所称许行之学,殆为后出,然其说亦不能见之实事。杂家集他人之长,以为己有,《吕览》是已。此在后代,即《群书治要》之比,再扩充之,则《图书集成》亦是也。小说家街谈巷议,道听途说,固不可尽信,然宋钘之流,亦自有其主张,虞初九百,则后来方志之滥觞。是故纵横、农、杂、小说四家,自史公以前,都不数也。

虽然,"纵横"之名,起于七国。外交专对,自春秋已重之。又氾胜之区田之法,本自伊尹,是伊尹即农家之发端。田蚡所学盘孟书,出自孔甲,是孔甲即杂家之发端。方志者,《周官》土训、诵训之事。今更就《艺文志》所言九流所从出而推论之。

《艺文志》云:"儒家出于司徒之官。"此特以《周官》司徒掌邦教,而儒者主于明教化,故知其源流如此。又云"道家出于史官"者,老子固尝为柱下史,伊尹、太公、管子,则皆非史也。惟管子下令如流水之原。令顺民心,论卑而易行,此诚合于道家南面之术耳。又云"墨家出于清庙之守"者,墨家祖尹佚,《洛诰》言:"烝祭文王、武王,逸祝册。"逸,固清庙之守也。又《吕览》云:"鲁惠公使宰让请郊庙之礼于天子,桓王使史角往,惠公止之。其后在于鲁,墨子学焉。"是尤为墨学出于清庙之确证。又云"名家出于礼官",此特就名位礼数推论而知之。又云"法家出于理官"者,理官莫尚于皋陶。皋陶曰:"余未有知,思曰赞赞襄哉。"此颇近道家言矣,"赞"者,老子所称"辅万物之自然而不敢为也"。"襄"者,因也,即老子所称"圣人无常心,以百姓心为心"也。庄子称"慎到无用贤圣、块不失道",此即理官引律断案之法矣。然《艺文志》法家首列李悝,以悝作《法经》,为后来法律之根本。自昔夏刑三千,周刑二千五百,皆当有其书。子产亦铸刑书,今悉不可见。独《法经》六篇，萧何广子为九章，遂为历代刑法所祖述。后世律书，有名例，本于曹魏之刑名法例，其原即《法经》九章之具律也。持法最重名例，故法家必与名家相依。又云："阴阳家出于羲和之官。"今案《管子》称述阴阳之言颇多，《左传》载苌弘之语，亦阴阳家言也。又云："农家出于农稷之官。"此自不足深论。又云"纵横家出于行人之官"者，此非必行人著书传之后代，特外交成案，有可稽考者尔。《张仪传》称仪与苏秦俱事鬼谷先生学术。《风俗通》云："鬼谷先生，六国时纵横家。"更不知鬼谷之学何从受之。又云"杂家出于议官"者，汉官有议郎，即所谓"议官"也，于古无征。又云"小说家出于稗官"者，如淳曰："王者欲知闾巷风俗，故立稗官，使称说之。"是稗官为小官近民者。

诸子之起，孰先孰后，史公、刘、班都未论及，《淮南》所叙，先后倒置，亦不足以考时代。今但以战国诸家为次，则儒家宗师仲尼，道家传于老子，此为最先。墨子或曰并孔子时，或曰在其后。案墨子亟说鲁阳文子，当楚惠王时，惠王之卒，在鲁悼公时，盖墨子去孔子亦四五十年矣。观墨子之论辨，大抵质朴迟钝，独经说为异。意者，经说别墨所传，又出墨子之后。法家李悝，当魏文侯时。名家尹文，当齐宣王时。阴阳家邹衍，当齐湣王、燕昭王时。皆稍稍晚出。纵横家苏秦，当周显王时，小说家淳于髡，当梁惠王时。此皆与孟子并世者。杂家当以《吕览》为大宗，《吕览》集诸书而成，备论天地万物古今之事。盖前此无吕氏之权势者，亦无由办此。

然更上征之春秋之世，则儒家有晏子，道家有管子，墨家则鲁之臧氏近之。观于哀伯之谏，首称"清庙"，已似墨道。及文仲纵逆祀、祀爰居，则明鬼之效也。妾织蒲，则节用之法也。武仲见称圣人，盖以钜子自任矣。至如师服之论名，即名家之发端。子产之铸刑书，得法家之大本，其存郑于晋楚之间，则亦尽纵横之能事。若烛之武之退秦师，是纯为纵横家。梓慎、裨灶，皆知天道，是纯为阴阳家。蔡墨之述畜龙，盖近于小说矣。惟农家、杂家，不见于春秋。

以上论九流大旨。今复分别论之，先论儒家。

儒家

《汉书·艺文志》谓儒家出于司徒之官，大旨是也。《周礼·大司徒》："以乡三物教万民六德、六行、六艺。""六德"者，智、仁、圣、义、中、和，此为普遍之德，无对象。"六行"者，孝、友、睦、姻、任、恤，此为各别之行，有对象。"六艺"者，礼、乐、射、御、书、数。礼乐不可斯须去身，射御为体育之事，书数则寻常日用之要，于是智育、德育、体育俱备。又师氏以"三德"教国子，曰："至德以为道本，敏德以为行本，孝德以知逆恶。"盖以六德、六行概括言之也。又《大司徒》："以五礼防万民之伪而教之中，以六乐防万民之情而教之和。"《大司乐》以："乐德教国子，中和祗庸孝友。"《大宗伯》亦称"中礼和乐"。可知古人教士，以礼乐为重。后人推而广之，或云"中和"，或云"中庸"。孔子曰："中庸之为德，其至矣乎！民鲜能久矣！""中庸"联称。不始于子思，至子思乃谓"喜怒哀乐之未发谓之中，发而皆中节谓之和"，其始殆由"中和祗庸孝友"一语出也。

儒者之书，《大学》是"至德以为道本"，《儒行》是"敏德以为行本"，《孝经》是"孝德以知逆恶"。此三书实儒家之总持。刘、班言儒家出于司徒之官，固然，然亦有出于大司乐者，"中庸"二字是也。以儒家主教化，故谓其源出于教官。

《荀子·儒效》称周公为大儒，然则儒以周公为首。《周礼》云："师以贤得民，儒以道得民。"师之与儒，殆如后世所称经师人师。"师以贤得民"者，郑注谓以道行教民。"儒以道得民"者，郑注谓以六艺教民。此盖互言之也。

儒之含义綦广。《说文》："儒，柔也。术士之称。""术士"之义亦广矣，草昧初开，人性强暴，施以教育，渐渐摧刚为柔。"柔"者，受教育而驯扰之谓，非谓儒以柔为美也。受教育而驯扰，不惟儒家为然，道家、墨家未尝不然，等而下之，凡宗教家莫不皆然，非可以专称儒也。又《庄子·说剑》："先生必儒服而见王，事必大逆。"庄子道家，亦服儒服。司马相如《大人赋》："列仙之儒，居山泽间，形容甚臞。"仙亦可称为儒。而《宏明集》复有"九流皆儒"之说，则宗教家亦可称儒矣。今所论者，出于司徒之儒家，非广义之术士也。

周公、孔子之间有儒家乎？曰：有，晏子是也。柳子厚称晏子为墨家，余谓晏子一狐裘三十年，尚俭与墨子同，此外皆不同墨道。春秋之末，尚俭之心，人人共有。孔子云："礼，与其奢也，宁俭。"老子有三宝，二曰俭。盖春秋时繁文缛礼，流于奢华，故老、墨、儒三家，皆以俭为美，不得谓尚俭即为墨家也。且晏子祀其先人，豚肩不掩豆。墨家明鬼，而晏子轻视祭祀如此，使墨子见之，必蹩躠而去。墨子节葬，改三年服为三月服，而晏子丧亲尽礼，亦与墨子相反。可见晏子非墨家也。又儒家"慎独"之言，晏子先发之。所谓"独立不惭于影，独寝不惭于魂"是也。当时晏子与管子并称，晏子功不如管，而人顾并称之，非晏以重儒学而何？故孔子以前，周公之后，惟晏子为儒家。蘧伯玉虽似儒家，而不见有书，无可称也。

孔子之道，所包者广，非晏子之比矣。夫儒者之业，本不过大司徒之言，专以修己治人为务。《大学》《儒行》《孝经》三书，可见其大概。然《论语》之言，与此三书有异。孔子平居教人，多修己治人之言，及自道所得，则不限于此。修己治人，不求超出人格，孔子自得之言，盖有超出人格之外者矣。"子绝四：毋意、毋必、毋固、毋我。""毋意"者，意非意识之意，乃佛法之"意根"也。有生之本，佛说谓之阿赖耶识。阿赖耶无分彼我，意根执之以为我，而其作用在恒审思量。有意根即有我，有我即堕入生死。颠狂之人，事事不记，惟不忘我。常人作止语默，绝不自问谁行谁说，此即意根之力。欲除我见，必先断意根。"毋必"者，必即恒审思量之审。

"毋固"者，固即意根之念念执著。无恒审思量，无念念执著。斯无我见矣。然则绝四，即是超出三界之说。六朝僧人好以佛、老、孔比量，谓老、孔远不如佛，玄奘亦云。皆非知言之论也。

　　儒者之业，在修己治人，以此教人，而不以此为至。孔门弟子，独颜子闻克己之说。"克己"者，破我执之谓。孔子以四科设教，德行，颜渊、闵子骞、冉伯牛、仲弓。然孔子语仲弓，仅言"出门如见大宾，使民如承大祭"而已，可知超出人格之语，不轻告人也。颜子之事不甚著，独《庄子》所称"心斋坐忘"，能传其意。然《论语》记颜子之语曰："仰之弥高，钻之弥深。瞻之在前，忽焉在后。"盖颜子始犹以为如有物焉，卓然而立。经孔子之教，乃谓"如有所立卓尔。虽欲从之，末由也已"。此即本来无物，无修无得之意。然老子亦见到此，故云"上德不德，是以有德。下德不失德，是以无德"。"德"者，得也。有所得非也，有所见亦非也。扬子云则见不到此，故云"颜苦孔子卓"。实则孔、颜自道之语，皆超出人格也。孟子亦能见到，故有"望道而未之见"语。既不见则不必望，而犹曰望者，行文不得不尔也。孔子曰："吾有知乎哉？无知也。"此亦非谦辞。张横渠谓"洪钟无声，待叩乃有声。圣人无知，待问乃有知。"其实答问者有依他心，无自依心。待问而知之知，非真知也，依他而为知耳。佛法谓"一念不起"，此即等于无知。人来问我，我以彼心照我之心，据彼心而为答，乌得谓之有知哉！横渠"待问有知"之语，犹未谛也。佛法立人我、法我二执，觉自己有主宰，即为人我执；信佛而执着佛，信圣人而执着圣人，即为法我执。推而至于信道而执着道，亦法我执也。"绝四"之说，人我、法我俱尽，"如有所立卓尔，虽欲从之，末由也已"者，亦除法我执矣。此等自得之语，孔、颜之后，无第三人能道。

　　子思之学，于佛法入天趣一流。超出人格而不能断灭，此之谓天趣。其书发端即曰"天命之谓性"，结尾亦曰"与天地参，上天之载，无声无臭"。佛法未入中土时，人皆以天为绝顶。佛法既入，乃知天尚非其至者。谢灵运言：成佛生天，居然有高下。如佛法衡量，子思乃中国之婆罗门。"婆罗门"者，崇拜梵天王者也。然犹视基督教为进。观基督教述马利亚生耶稣事，可知基督教之上帝，乃欲界天，与汉儒所称感生帝无别。而子思所称之"无声无臭"，相当于佛法之色界天，适与印度婆罗门相等。子思之后有孟子，孟子之学，高于子思。孟子不言天，以我为最高，故曰"万物皆备于我"。孟子觉一切万物，皆由我出。如一转而入佛法，即三界皆由心造之说，而孟子只是数论，数论立神我为最高。一切万物，皆由神我流出。孟子之语，与之相契。又曰"反身而诚，乐莫大焉"者，反观身心，觉万物确然皆备于我，故为可乐。孟子虽不言天，然仍入天界。盖由色界而入无色界天。较之子思，高出一层耳。夫有神我之见者，以我为最尊，易起我慢。孟子生平夸大，说大人则藐之。又云："我善养吾浩然之气，至大至刚，以直养而无害，塞乎天地之间。"其我慢如此。何者，有神我之见在，不自觉其夸大耳，以故孟子之学，较孔、颜为不逮。要之，子思、孟子均超出人格，而不能超出天界，其所得与婆罗门、数论相等。然二家于修己治人之道，并不抛弃。则异于婆罗门、数论诸家。子思作《中庸》，孟子作七篇，皆论学而及政治者也。子思、孟子既入天趣，若不转身，必不能到孔、颜之地。惟庄子为得颜子之意耳。

　　荀子语语平实，但务修己治人，不求高远。论至极之道，固非荀子所及。荀子最反对言天者。《天论》云："圣人不求知天。"又云："星坠木鸣，日月有蚀，怪星常见，牛马相生，六畜为妖，怪之可也，畏之非也。"揆荀子之意，盖反对当时阴阳家一流，其意以为天与人实不相关。

　　《非十二子》云："案往旧造说，谓之五行，子思唱之，孟轲和之。"今案孟子书不见"五行"语，《中庸》亦无之。惟《表记》《坊记》《中庸》《缁衣》皆子思作。有"水尊而不亲，土亲而不尊，天尊而不亲，命亲而不尊，鬼尊而不亲"诸语。子思五行之说，殆即指此。孟子有"外书"，今不可见，或亦有五行语。荀子反对思、孟，即以五行之说为其的。盖荀子专以人事为重，怪诞之语，非驳尽不可也。汉儒孟、荀并尊，余谓如但尊荀子，则《五行传》、纬书一流，不致嚣张。今人但知阴阳家以邹衍为首。察荀子所云，则阴阳家乃儒家之别流也。墨子时，子思已生、邹衍未出。《墨经》有"五行无常胜，说在宜"一语。而邹衍之言，以五胜为主。"五胜"者，五行相胜，水胜火，火胜金，金胜木，木胜土，土胜水也。然水火间承之以釜，火何尝不能胜水。水大则怀山襄陵，土又何尝能胜水！墨子已言五行无常胜，而孟子、邹衍仍有五行之说，后乃流为谶纬。如荀子不斥五行，墨家必起而斥之。要之荀子反对思、孟，非反对思、孟根本之学，特专务人事，不及天命，即不主超出人格也。

荀子复言隆礼乐，杀《诗》《书》。此其故由于孟子长于《诗》《书》，而不长于礼。《墨子》时引《诗》《书》，而反对礼乐。荀子偏矫，纯与墨家相反，此其所以隆礼乐、杀《诗》《书》也。其所以反对子思、孟子者，子思、孟子皆有超出人格处，荀子所不道也。

若以政治规模立论，荀子较孟子为高。荀子明施政之术，孟子仅言"五亩之宅，树之以桑，使民养生送死无憾"而已。由孟子此说，乃与龚遂之法相似，为郡太守固有余，治国家则不足。以其不知大体，仅有农家之术尔。又《孟子》云："尧舜性之也、汤武反之也、五霸假之也。"又谓："仲尼之门，无道桓文之事者。"于五霸甚为轻蔑。荀子则不然，谓"义立而王、信立而霸、权谋立而亡"，于五霸能知其长处。又《议兵》云："齐之技击，不可以遇魏氏之武卒；魏氏之武卒，不可以遇秦之锐士；秦之锐士，不可以当桓文之节制；桓文之节制，不可以敌汤武之仁义。"看来层次分明，不如《孟子》一笔抹杀。余谓《议兵》一篇，非孟子所能及。

至于性善、性恶之辩，以二人为学入门不同，故立论各异。荀子隆礼乐而杀《诗》《书》。孟子则长于《诗》《书》。孟子由诗入，荀子由礼入。诗以道性情，故云人性本善。礼以立节制，故云人性本恶。又孟子邹人，邹鲁之间，儒者所居，人习礼让，所见无非善人，故云"性善"。荀子赵人，燕赵之俗，杯酒失意，白刃相仇，人习凶暴，所见无非恶人，故云"性恶"。且孟母知胎教，教子三迁，孟子习于善，遂推之人性以为皆善。荀子幼时教育殆不如孟子，自见性恶，故推之人性以为尽恶。

孟子论性有四端：恻隐为仁之端、羞恶为义之端、辞让为礼之端，是非为智之端。然四端中独"辞让之心"为孩提之童所不具。野蛮人亦无之。荀子隆礼，有见于辞让之心，性所不具，故云性恶。以此攻击孟子，孟子当无以自解。然荀子谓礼义辞让，圣人所为。圣人亦人耳，圣人之性亦本恶，试问何以能化性起伪，此荀子不能自圆其说者也。反观孟子既云性善，亦何必重视教育，即政治亦何所用之。是故二家之说俱偏，惟孔子"性相近、习相远"之语，为中道也。

扬子云迂腐，不如孟、荀甚远，然论性谓"善恶混"，则有独到处。于此亦须采佛法解之。若纯依儒家，不能判也。佛法阿赖耶识本无善恶，意根执着阿赖耶为我，乃生根本四烦恼，我见、我痴、我爱、我慢是也。我见与我痴相长，我爱与我慢相制。由我爱而生恻隐之心，由我慢而生好胜之心。孟子有见于我爱，故云性善，荀子有见于我慢，故云性恶，扬子有见于我爱我慢交至为用，故云善恶混也。

孟、荀、扬三家，由情见性，此乃佛法之四烦恼。佛家之所谓性，浑沌无形，则告子所见无善无不善者是矣。扬子生孟、荀之后，其前尚有董仲舒。仲舒谓人性犹谷，谷中有米，米外亦有糠。是善恶混之说，仲舒已见到，子云始明言之耳。子云之学，不如孟、荀，惟此一点，可称后来居上。

然则论自得之处，孟子最优，子思次之，而皆在天趣。荀子专主人事，不务超出人格，则但有人趣。若论政治，则荀子高于思孟。子云投阁，其自得者可知。韩昌黎谓孟子醇乎醇，荀与扬子大醇而小疵。其实扬不如荀远甚。孟疏于礼，我慢最重，亦未见其醇乎醇也。司马温公注《太玄》《法言》，欲跻扬子于孟、荀之上。夫孟、荀著书，不事摹拟，扬则摹拟泰甚，绝无卓然自立之处，若无善恶混一言，乌可与孟、荀同年而语哉！温公所云，未免阿其所好。至于孔、颜一路，非惟汉儒不能及，即子思、孟子亦未能步趋，盖逊乎远矣。以上略论汉以前之儒者。

论汉以后之儒家，不应从宋儒讲起，六朝隋唐亦有儒家也。概而言之，须分两派：一则专务修己治人，不求高远，一则顾亭林所讥"明心见性"之儒是矣。修己治人之儒不求超出人格，明心见性，则超出人格矣。

汉以后专论修己治人者，隋唐间有文中子王通，宋有范文正、胡安定、徐仲车，南宋有永嘉派之薛士龙、陈止斋、叶水心。金华派之吕东莱，明有吴康斋、罗一峰，清有顾亭林、陆桴亭、颜习斋、戴东原。此数子者，学问途径虽不同，要皆以修己治人为归，不喜高谈心性。此派盖出自荀子，推而上之，则曾子是其先师。

明心见性之儒，首推子思、孟子。唐有李习之，作《复性书》，大旨一依《中庸》。习之曾研习禅宗。一日，问僧某：黑风吹堕鬼国，此语何谓？僧诃曰："李翱小子，问此何为！"习之不觉怒形于色。僧曰："此即是'黑风吹堕鬼国'。"今观《复性书》虽依《中庸》立论，其实阴袭释家之旨。宋则周濂溪开其端。濂溪之学本于寿涯。

濂溪以为儒者之教，不应羼杂释理。寿涯教以改头换面，又授以一偈云："有物先天地，无形本寂寥。能为万象主，不逐四时凋。"后濂溪为《太极图说》《通书》，更玄之又玄矣。张横渠《正蒙》之意，近于回教。横渠陕西人，唐时景教已入中土，陕西有大秦寺，唐时立，至宋嘉祐时尚在，故横渠之言，或有取于彼。其云"清虚一大之谓天"，似回教语。其云"民吾同胞，物吾与也"，则似景教。人谓《正蒙》之旨，与《墨子》"兼爱"相同，墨子本与基督教相近也。然横渠颇重礼教，在乡拟兴井田，虽杂景教、回教意味，仍不失修己治人一派之旨。此后有明道、伊川、世所称"二程子"者。伊川天资不如明道。明道平居燕坐，如泥塑木雕，受濂溪之教，专寻孔、颜乐处，一生得力，从无忧虑，实已超出人格，著《定性书》，谓不须防检力索，自能从容中道。以佛法衡之，明道殆入四禅八定矣。杨龟山、李延平传之，数传而为朱晦庵。龟山取佛法处多，天资高于伊川，然犹不逮谢上蔡。上蔡为二程弟子天资最高者。后晦庵一派，不敢采取其说，以其近乎禅也。龟山较上蔡为有范围，延平范围渐小，迨晦庵出，争论乃起。时延平以"默坐澄心、体认天理"教晦庵。晦庵读书既多，言论自富，故陆象山、王阳明讥为支离。阳明有"朱子晚年定论"之说，据《与何叔京》一书。由今考之，此书乃庵晦三十四岁时作，非真晚年。晚年定论，乃阳明不得已之语。而东原非之，以为堕入释氏。阳明以为高者，东原反以为岐。实则晦庵恪守师训，惟好胜之心不自克，不得不多读书，以资雄辩，虽心知其故，而情不自禁也。至无极、及极之争，非二家学问之本，存而不论可矣。

宋儒出身仕宦者多，微贱起家者少。惟象山非簪缨之家，其学亦无师承。常以为二程之学，明道疏通，伊川多障。晦庵行辈，高出象山，论学则不逮。象山主先立乎其大者，不以解经为重，谓《六经》注我，我不注《六经》。顾经籍烂熟，行文如汉人奏议，多引经籍。虽不如晦庵之尽力注经，亦非弃经籍而不读也。其徒杨慈湖，作《绝西记》，多参释氏之言。然以意为意识，不悟其为意根，则于佛法犹去一间。又作《己易》，以为《易》之消息，不在物而在己，己即是《易》。又谓衣冠礼乐、取妻生子，学周公、孔子。知其余不学周孔矣。既没，弟子称之曰圆明祖师。宋儒至慈湖，不讳佛如此，然犹重视礼教，无明人猖狂之行。盖儒之有礼教，亦犹释之有戒律。禅家呵佛骂祖，猖狂之极，终不失僧人戒律。象山重视礼教，弟子饭次交足，讽以有过。慈湖虽语言开展，亦守礼惟谨，故其流派所衍，不至如李卓吾辈之披猖也。

明儒多无师承，吴康斋与薛敬轩同时，敬轩达官，言语谨守矩镬，然犹不足谓为修己治人一流。英宗复辟，于谦凌迟处死，敬轩被召入议，但谓三阳发生，不可用重刑。诏减一等。凌迟与斩，相去几何？敬轩于此固当力争，不可则去，乌得依违其间如此哉！康斋父溥，与解缙、王艮、胡广比舍居，燕兵薄京城，城陷前一夕皆集溥舍，缙陈说大义，广亦奋激慷慨，艮独流涕不言。三人去，康斋尚幼，叹曰："胡叔能死是大佳事。"溥曰："不然，独王叔死耳。"语未毕，隔墙闻广呼："外喧甚，谨视豚。"溥顾曰："一豚尚不能舍，肯舍生乎？"然己亦未尝死节。康斋之躬耕不仕，殆以此故。敬轩之学不甚传，而康斋之传甚广。康斋安贫乐道，无超过人格语。白沙讲学，不作语录，不解经，亦无论道之文。惟偶与人书，或托之于诗，常称曾点浴沂风雩之美，而自道功夫，则谓"静中养出端倪"。亦复时时静坐，然犹不足以拟佛法，盖与四禅八定近耳。弟子湛甘泉，与阳明同时。阳明成进士，与甘泉讲学甚相得，时阳明学未成也。阳明幼时，尝与铁柱宫道士交契。三十服官之后，入九华山，又从道士蔡蓬头问道。乃为龙阳驿丞，忧患困苦之余，忽悟"知行合一"之理。谓宋儒先知后行，于事未当。所谓如恶恶臭、如好好色，即知即行，非知为好色而后好之，知为恶臭而后恶之也。其"致良知"之说，在返自龙场之后。以为昔人之解"致知格物"，非惟朱子无当，司马温公辈亦未当，朱子以穷知事物之理为格物，阳明初信之，格竹三日而病，于是斥朱子为非是。朱子之语，包含一切事物之理。一切事物之理，原非一人之知所能尽，即格竹不病，亦与诚意何关，以此知阳明之斥朱子为不误。然阳明以为"格"当作"正"字解。"格物"者，致良知以正物。物即心中之念，致良知，则一转念间，知其孰善孰恶，去其恶，存其善，斯意无不诚。余谓阳明之语虽踔，顾与《大学》原文相反。《大学》谓物格而后致知，非谓致知而后物格。朱子改窜《大学》，阳明以为应从古本。至解格物致知，乃颠倒原文，又岂足以服朱之心哉。

格物致知之说，王心斋最优。心斋为阳明弟子。读书不多，反能以经解经，义较明白。谓《大学》有"物有本末，事有始终，知所先后，则近道矣"语。"致知"者，知事有终始也，"格物"者，知物有本末也。格物致知，原系空文，不必强为穿凿。是故诚意是始，平天下是终，诚意是本，平天下是末。知此即致知矣。刘蕺山等崇其说，称之曰"淮南格物论"，谓是致知格物之定论。盖阳明读书多，不免拖沓，心斋读书少，故能直截了当，斩除葛藤也。心斋解"在止于至善"，谓"身名俱泰，乃为至善，杀身成仁，便非至善"，其语有似老子。而弟子颜山农、何心隐辈，猖狂无度，自取戮辱之祸，乃与师说相反。清人反对王学，即以此故。颜山农颇似游侠，后生来见，必先享以三拳，能受乃可为弟子。心隐本名梁汝元，从山农时，亦曾受三拳而终不服。知山农狎妓，乃伺门外。山农出，以三拳报之。此诚非名教所能羁络矣。山农笃老而下狱遣戍，心隐卒为张江陵所杀。盖王学末流至颜、何辈，而使人怖畏矣。

　　阳明破宸濠，弟子邹东廓助之，而欧阳南野、聂双江辈，则无事功可见。双江主兵部，《明史》赞之曰："豹也碌碌，弥不足观。"盖皆明心见性，持位保宠，不以政事为意。湛甘泉为南京吏部尚书亦然。罗念庵辞官后，入山习静，日以晏坐为事，谓理学家辟佛乃门面语，周濂溪何尝辟佛哉！阳明再传弟子万思默、王塘南、胡正甫、邓定宇官位非卑，亦无事功可见。思默语不甚奇，日以晏坐为乐。塘南初曾学佛，亦事晏坐，然所见皆高于阳明。塘南以为一念不动，而念念相续，此即生生之机不可断之意。思默自云静坐之功，若思若无思，则与佛法中"非想非非想"契合，即四空天中之非想非非想天耳。定宇语王龙溪曰："天也不做他，地也不做他，圣人也不做他。"张阳和谓此言骇听。定宇曰："毕竟天地也多动了一下。此是不向如来行处行手段。"正甫谓，天地万物，皆由心造，独契释氏旨趣。前此理学家，谓天地万物与我同体，语涉含混，不知天地万物与我孰为宾主，《孟子》"万物皆备于我"之说亦然，皆不及正甫之明白了当。梨洲驳之，反为支离矣。甘泉与阳明并称。甘泉好谈体认天理，人有不成寐者，问于甘泉。甘泉曰："君恐未能体认天理耳。"阳明讥甘泉务外，甘泉不服，谓心体万物而无遗，何外之有？后两派并传至许敬庵，再传而为刘蕺山。蕺山绍甘泉之绪，而不甚心服。三传而为黄梨洲。梨洲余姚人，蕺山山阴人。梨洲服膺阳明而不甚以蕺山为然，盖犹存乡土之见。蕺山以常惺惺为教。"常惺惺"者，无昏聩时之谓也，语本禅宗，非儒家所有。又蕺山所以不同于阳明者，自阳明之徒王心斋以致知为空文，与心、意二者无关，而心、意之别未明也。心斋之徒王一庵，以为意乃心之主宰，于是意与心始别。蕺山取之，谓诚意者，诚其意根，此为阳明不同者也。然蕺山此语，与《大学》不合。《大学》语语平实，不外修己治人。明儒强以明心见性之语附会，失之远矣。诚其意根者，即堕入数论之神我，意根愈诚，则我见愈深也。余谓《中庸》"诚者物之终始，不诚无物"二语甚确。盖诚即迷信之谓，迷信自己为有，迷信世界万物为有，均迷信也。"诚"之为言，无异佛法所称"无明"。信我至于极端，则执一切为实有。无无明则无物，故曰不诚无物。《中庸》此言，实与释氏之旨符合。惟下文足一句曰"是故君子诚之为贵"，即与释氏大相径庭。盖《中庸》之言，比于婆罗门教，所谓"参天地、赞化育"者，是其极致，乃人摩醯首罗天王一流也。儒、释不同之处在此，儒家虽采佛法，而不肯放弃政治社会者亦在此。若全依释氏，必至超出时间，与中土素重世间法者违反，是故明心见性之儒，谓之为禅，未尝不可。惟此所谓禅，乃禅八定，佛家与外道共有之禅，不肯打破意根者也。昔欧阳永叔谓"孔子罕言性，性非圣人所重"，此言甚是。儒者若但求修己治人，不务谈天说性，则譬之食肉不食马肝，亦未为不知味也。

儒者修己之道，《儒行》言之甚详，《论语》亦有之，曰"行己有耻"，曰"见利思义，见危授命。"修己之大端，不过尔尔。范文正开宋学之端，不务明心见性而专尚气节，首斥冯道之贪恋。《新五代史》之语，永叔袭文正耳。其后学者渐失其宗旨，以气节为傲慢而不足尚也，故群以极深研几为务。于是风气一变，国势之弱，职此之由。宋之亡，降臣甚多，其明证也。明人之视气节，较宋人为重。亭林虽诮明心见性之儒，然入清不仕，布衣终身，信可为百世师表。夫不贵气节，渐至一国人民都无豪迈之气，奄奄苟活，其亡岂可救哉？清代理学家甚多，然在官者不可以理学论。汤斌、杨名时、陆陇其辈，江郑堂《宋学渊源记》所不收，其意良是。何者？炎黄之胄，服官异族，大节已亏，尚得以理称哉？若在野而走入王派者，则有李二曲、黄梨洲。其反对王派者，今举顾亭林、王船山、陆桴亭、颜习斋、戴东原五家论之。此五家皆与王派无关，而又非拘牵朱派者也。梨洲、二曲虽同祖阳明，而学不甚同。梨洲议论精致，修养不足，二曲教人以悔过为始基，以静坐为入手，李天生之友欲从二曲学，中途折回，天生问故。曰："人谓二曲王学之徒也。"二曲闻之叹曰："某岂王学乎哉？"盖二曲虽静坐观心，然其经济之志，未曾放弃。其徒王心敬，即以讲求区田著称。此其所以自异于王学也。梨洲弟子万季野治史学，查初白为诗人，并不传其理学。后来全谢山亦治史学，而于理学独推重慈湖，盖有乡土之见焉。

　　阳明末流，一味猖狂，故清初儒者皆不愿以王派自居。顾亭林首以"明心见性"为诟病。亭林之学，与宋儒永嘉派不甚同，论其大旨，亦以修己治人为归。亭林研治经史最深，又讲音韵、地理之学，清人推为汉学之祖。其实后之为汉学者仅推广其《音学五书》以讲小学耳，其学之大体，则未有步趋者也。惟汪容甫颇有绍述之意，而目力未及。观容甫《述学》，但考大体，不及琐碎，此即亭林矩矱。然亭林之学，枝叶蔚为大国，而根本不传者，亦因种族之间，言议违禁，故为人所忌耳。种族之见，亭林胜于梨洲。梨洲曾奉鲁王命乞师日本，后遂无闻焉。亭林则始终不渝。今通行之《日知录》，本潘次耕所刻，其中"胡"字、"虏"字，或改作"外国"、或改作"异域"；"我朝"二字，亦被窜易；"素夷狄行乎夷狄"一条，仅存其目。近人发现雍正时抄本，始见其文，约二千余言。大旨谓，孔子云"居处恭、执事敬，与人忠，虽之夷狄不可弃也"，此之谓"素夷狄行乎夷狄"，非谓臣事之也。又言，管仲大节有亏而孔子许之者，以管仲攘夷，过小而功大耳。以君臣之义，较夷夏之防，则君臣之义轻，而夷夏之防重，孔子所以亟称之也。又"胡服"一条，刻本并去其目。忌讳之深如此，所以其学不传。亭林于夷夏之防，不仅腾为口说，且欲实行其志，一生奔驰南北，不遑宁居，到处开垦，隐结贤豪。凡为此故也，山东、陕西、山西等处，皆有其屯垦之迹。观其意殆欲于此作发展计。汉末田子泰躬耕徐无山，百姓归之者五千余家。子泰为定法律，制礼仪，兴学校，众皆便之。乌丸、鲜卑，并遣译致贡。常忿乌丸贼杀冠盖，有欲讨之意，而曹操北征，子泰为向导，遂大斩获，追奔逐本。使当时无曹操，则子泰必亲自攘夷矣。亭林之意，殆亦犹是。船山反对王学，宗旨与横渠相近，曾为《正蒙》作注。盖当时王学猖狂，若以程朱之学矫之，反滋纠纷，惟横渠之重礼教乃足以惩之。船山之书，自说经外，只有钞本，得之者什袭珍藏，故《黄书》流传甚广，而免于禁网也。船山论夷夏之防，较亭林更为透澈，以为六朝国势不如北魏远甚，中间又屡革命，而能支持三百年之久者，以南朝有其自立精神故也。南宋不及百六十年，未经革命，而亡于异族，即由无自立精神故也。此说最中肯綮，然有鉴于南宋之亡，而谓封建藩镇，可以抵抗外侮，此则稍为迂阔。特与六朝人主封建者异趣。六朝人偏重王室，其意不过封建亲戚以为藩屏而已。船山之主封建，乃从诸夏夷狄着想，不论同姓异姓，但以抵抗外侮为主，此其目光远大处也。要之，船山之学，以政治为主，其理学亦不过修己治人之术，谓之骈枝可也。

　　陆桴亭《思辨录》，亦无过修己治人之语，而气魄较小。其论农田水利，亦尚有用，顾足迹未出江苏一省，故其说但就江苏立论，恐不足以致远。

　　北方之学者，颜、李、王、刘并称，而李行辈略后。习斋之意，以为程、朱、陆、王都无甚用处,于是首举《周礼》"乡三物"以为教,谓《大学》"格物"之物,即"乡三物"之物,其学颇见切实。盖亭林、船山但论社会政治,却未及个人体育。不讲体育,不能自理其身,虽有经世之学,亦无可施。习斋有见于此,于礼乐射御书数中,特重射御,身能盘马弯弓,抽矢命中,虽无反抗清室之语,而微意则可见也。崑绳、刚主,亦是习斋一流,惟主张井田,未免迂腐。继庄精舆地之学。《读史方舆纪要》之作,继庄周游四方,观察形势,顾景范考索典籍,援古证今,二人联作,乃能成此巨著。此后徐乾学修《一统志》,开馆洞庭山,招继庄纂修。继庄首言郡县宜记经纬度,故《一统志》每府必记北极测地若干度。此事今虽习见,在当时实为创获。

大概亭林、船山,才兼文武。桴亭近文,习斋近武,桴亭可使为地方官,如省长之属。习斋可使为卫戍司令。二人之才不同,各有偏至,要皆专务修己治人,无明心见性之谈也。

东原不甘以上列诸儒为限,作《原善》《孟子字义疏证》。其大旨有二:一者,以为程、朱、陆、王均近禅,与儒异趣。一者,以为宋儒以理杀人,甚于以法杀人。盖雍乾间,文字之狱,牵累无辜,于法无可杀之道,则假借理学以杀之。东原有感于此,而不敢正言,故发愤为此说耳。至其目程、朱、陆、王均近禅,未免太过。象山谓《六经》注我,我不注《六经》,乃扫除文字障之谓,不可谓之近禅。至其驳斥"以意见为理",及以理为"如有物焉得于天而具于心"之说,只可以攻宋儒,不足以攻明儒。阳明谓理不在心外,则非如有物焉,凑拍附箸于气之谓也。罗整庵作《困知记》,与阳明力争"理气"之说,谓宋人以为理之外有气,理善,气有善有不善。夫天地生物,惟气而已,人心亦气耳。所谓理者,气之流行而有秩序者也,非气之外更有理也。理与气不能对立。东原之说,盖有取于整庵。然"天理""人欲",语见《乐记》。《乐记》本谓穷人欲则天理灭,不言人欲背于天理也,而宋儒则谓理与欲不能并立。于是东原谓天理即人欲之有节文者,无欲则亦无理,此言良是,亦与整庵相近。惟谓理在事物而不在心,则矫枉太过,易生流弊。夫能分析事物之理者,非心而何?安得谓理在事物哉!依东原之说,则人心当受物之支配,丧其所以为我,此大谬矣。至《孟子》"性善"之说,宋儒实未全用其旨。程伊川、张横渠皆谓,人有义理之性,有气质之性。义理之性善,气质之性不善。东原不取此论,谓《孟子》亦以气质之性为善,以人与禽兽相较而知人之性善,禽兽之性不善。余谓此实东原之误。古人论性,未必以人与禽兽比较。详玩《孟子》之文,但以五官与心对待立论。《孟子》云:"从其大体为大人,从其小体为小人。耳目之官不思而蔽于物,物交物,则引人而已矣。心之官则思,思则得之,不思则不得也。"其意殆谓耳目之官不纯善,心则纯善。心纵耳目之欲,是养其小体也。耳目之欲受制于心,是养其大体也。今依生理学言之,有中枢神经,有五官神经。五官不能谓之无知,然仅有欲而不知义理,惟中枢神经能制五官之欲,斯所以为善耳。《孟子》又云:"口之于味,目之于色,耳之于声,鼻之于臭,四肢之于安佚,性也,有命焉,君子不谓性也。"是五官之欲固可谓之性，以有心为之主宰，故不以五官之欲为性，而以心为性耳。由此可知，《孟子》亦不谓性为纯善，惟心乃纯善。东原于此不甚明白，故不取伊川、横渠之言，而亦无以解《孟子》之义。由今观之，孟、荀、扬三家论性虽各不同，其实可通。《孟子》不以五官之欲为性，此乃不得已之论。如合五官之欲与心而为言，亦犹扬子所云善恶混矣。《孟子》谓恻隐、羞恶、辞让、是非四端，性所具有。《荀子》则谓"人生而有好利焉，顺是则争夺生而辞让亡矣"。是荀子以辞让之心非性所本有，故人性虽具恻隐、羞恶、是非三端，不失其为恶。然即此可知《荀子》但云性不具辞让之心，而不能谓性不具恻隐、羞恶、是非之心，是其论亦同于善恶混也。且《荀子》云："途之人皆可以为禹。"《孟子》云："人皆可以为尧舜。"是性恶、性善之说，殊途同归也。《荀子》云："人皆有可以知仁义法正之质，皆有可以能仁义法正之具。"《孟子》云："乃若其情则可以为善矣，乃所谓善也。"此其语趣尤相合。虽然，《孟子》曰："仁义礼知，非由外铄我也，我固有之也。"荀子则谓礼义法度，圣人所生，必待圣人之教，而后能化性起伪。此即外铄之义，所不同者在此。

韩退之《原性》有上中下三品说。前此，王仲任《论衡》记周人世硕之言，谓人性有善有恶。举人之善性，养而致之则善长，举人之恶性，养而致之则恶长，故作《养书》一篇。又言宓子贱、漆雕开、公孙尼子之徒，亦论情性，与世子相出入。又孔子已有"生而知之者上，学而知之者次，困而学之又其次，困而不学民斯为下"

语。如以性三品说衡荀子之说，则谓人性皆恶可也。不然，荀子既称人性皆恶，则所称圣人者，必如宗教家所称之圣人，然后能化性起伪尔。是故荀子虽云性恶，当兼有"三品"之义也。

告子谓"性无善无不善"，语本不谬。阳明亦以为然。又谓"生之谓性"，亦合古训。此所谓性，即阿赖耶识。佛法释阿赖耶为无记性，而阿赖耶之义即生理也。古人常借"生"为"性"字，《孝经》"毁不灭性"，《左传》"民力凋尽，莫保其性"皆是。《庄子》云："性者，生之质也。"则明言"生"即"性"矣。故生之谓性一语，实无可驳。而孟子强词相夺，驳之曰："犬之性犹牛之性，牛之性犹人之性欤？"若循其本，性即生理。则犬之生与牛之生，牛之生与人之生，有何异哉？至杞柳桮棬之辨，孟子之意谓戕贼杞柳以为桮棬可，戕贼人以为仁义不可。此因告子不善措辞，致受此难。如易其语云，性犹金铁也，义犹刀剑也，以人性为仁义，犹以金铁为刀剑，则孟子不能谓之戕贼矣。

东原以孟子举犬性、牛性、人性驳告子，故谓孟子"性善"之说，据人与禽兽比较而为言。余谓此非孟子本旨，但一时口给耳。后人视告子如外道，或曰异端，或曰异学。其实儒家论性，各有不同。赵邠卿注《孟子》，言告子兼治儒、墨之学。邠卿见《墨子》书亦载告子，故为是言。不知《墨子》书中之告子，本与墨子异趣，不得云兼治儒、墨之学也。宋儒以告子为异端，东原亦目之为异端，此其疏也。

《孟子字义疏证》一书，惟说"理气"语不谬，论理与欲亦当。

至阐发"性善"之言，均属难信。其后承东原之学者，皆善小学、说经、地理诸学，惟焦里堂作《孟子正义》，不得不采《字义疏证》之说。要之东原之说，在清儒中自可卓然成家，若谓可以推倒宋儒，则未敢信也。

道咸间方植之作《汉学商兑》，纠弹东原最力。近胡适尊信东原之说，假之以申唯物主义。然"理在事物而不在心"一语，实东原之大谬也。

道家

数道家当以老子为首。《汉书·艺文志》"道家"首举伊尹、太公。然其书真伪不可知，或出后人依托。《管子》之书，可以征信，惟其词意繁富，杂糅儒家、道家，难寻其指归。太史公言其善因祸而为福，转败而为功，盖《管子》之大用在此。黄、老并称，始于周末，盛行于汉初。如史称环渊学黄老道德之术，陈丞相少时，好黄帝、老子之术，胶西有盖公善治黄老言，窦太后好黄帝、老子言，王生处士善为黄老言。然黄帝论道之书，今不可见。《儒林传》："黄生与辕固争论汤武革命，曰，冠虽敝必加于首，履虽新必贯于足。"其语见《太公六韬》。然今所传《六韬》不可信，故数道家当以老子为首。

《庄子·天下篇》，自言与老聃、关尹不同道。老子多政治语，庄子无之。庄子多超人语，老子则罕言。虽大旨相同，而各有偏重，所以异也。《老子》书八十一章，或论政治，或出政治之外，前后似无系统。今先论其关于政治之语。

老子论政，不出"因"字。所谓"圣人无常心，以百姓心为心"是也。严几道附会其说，以为老子倡民主政治。以余观之，老子亦有极端专制语，其云"鱼不可脱于渊，国之利器不可以示人"，非极端专制而何？凡尚论古人，必审其时世。老子生春秋之世，其时政权操于贵族，不但民主政治未易言，即专制政治亦未易言。故其书有民主语，亦有专制语。即孔子亦然。在贵族用事之时，惟恐国君之不能专制耳。国君苟能专制，其必有愈于世卿专政之局，故曰："鱼不可脱于渊，国之利器不可以示人。"然此二语，法家所以为根本。

太史公以老子、韩非同传，于学术源流最为明了。韩非解老、喻老而成法家，然则法家者，道家之别子耳。余谓老子譬之大医，医方众品并列，指事施用，都可疗病。五千言所包亦广矣，得其一术，即可以君人南面矣。

汉文帝真得老子之术者，故太史公既称孝文好道家之学，以为繁礼饰貌无益于治，又称孝文帝本好刑名之言。盖文帝貌为玄默躬化，其实最擅权制。观夫平、勃诛诸吕，使使迎文帝。文帝入，即夕拜宋昌为卫将军，领南北军，以张武为郎中令、行殿中。其收揽兵权，如此其急也。其后贾谊陈《治安策》，主以众建诸侯而少其力。文帝依其议，分封诸王子为列侯。吴太子入见，侍皇太子饮博，皇太子引博局提杀之。吴王怨望不朝，而文帝赐之几杖，盖自度能制之也。且崩时，诫景帝："即有缓急，周亚夫真可任将兵。"盖知崩后，吴楚之必反也，盖文帝以老、庄、申、韩之术合而为一，故能及此。然谓周云成康，汉言文景，则又未然。成康之世，诸侯宗周。文帝之世，诸侯王已有谋反者。非用权谋，乌足以制之。知人论世，不可同年而语矣。

后人往往以宋仁宗拟文帝。由今观之，仁宗不如文帝远甚。虽仁厚相似，而政术则非所及也。仁宗时无吴王叛逆之事，又文帝之于匈奴，与仁宗之于辽、西夏不同。仁宗一让之后，即议和纳币，无法应付。文帝则否，目前虽似让步，却能养精蓄锐，以备大举征讨，故后世有武帝之武功。周末什一而税，以致颂声。然汉初但十五而取一，文帝出，常免天下田租，或取其半，则三十而税一矣。又以缇萦上书，而废肉刑。此二事可谓仁厚。然文帝有得于老子之术。老子之术，平时和易，遇大事则一发而不可当，自来学老子而至者，惟文帝一人耳。

《老子》书中有权谋语，"将欲歙之，必固张之；将欲弱之，必固强之；将欲废之，必固兴之；将欲夺之，必固与之"是也。凡用权谋，必不明白告人。而老子笔之于书者，以此种权谋，人所易知故尔。亦有中人权谋而不悟者，故书之以为戒也。

历来承平之世，儒家之术，足以守成。戡乱之时，即须道家，以儒家权谋不足也。凡戡乱之傅佐，如越之范蠡，汉初之张良、陈平,唐肃宗时之李泌,皆有得于老子之道。盖拨乱反正非用权谋不可,老子之真实本领在此。然即"无为而无不为"一语观之,恐老子于承平政事亦优为之,不至如陈平之但说大话。承平而用老子之术者,文帝之前曹参曾用盖公,日夜饮酒而不治事。以为法令既明,君上垂拱而臣下守职,此所谓无为而无不为也。至于晋人清淡,不切实用,盖但知"无为",而不知"无不为"矣。

至于老子之道最高之处,第一看出"常"字,第二看出"无"字,第三发明"无我"之义,第四倡立"无所得"三字,为道德之极则。《老子》首章云:"道可道,非常道;名可名,非常名。"常道、常名,王注不甚明白,韩非《解老》则言之憭然,谓"物之一存一亡,乍死乍生,初盛而后衰者,不可谓常。惟与天地之剖判也俱生,至天地之消散也不死不衰者谓常"。盖常道者,不变者也。《庄子·天下篇》称"老聃建之以常无有,主之以太一"。"常无有"者,"常无常有"之简语也。老子曰:"常无欲以观其妙,常有欲以观其徼。"又云:"无名天地之始,有名万物之母。"无名,故为常。有名,故非常。"徼"者边际界限之意。夫名必有实,实非名不彰。撤去界限,则名不能立,故云"常有欲以观其徼也。"圣人内契天则,故常无以观其妙。外施于事,故常有以观其徼。"建之以常无有"者,此之谓也。

《老子》云:"天下万物生于有,有生于无。"后之言佛法者,往往以此斥老子为外道,谓无何能生有。然非外道也。《说文》:"无,奇字无也,通于元者。虚无,道也。"《尔雅》:"元,始也。"夫万物实无所始。《易》曰:"大哉乾元,首出庶物。"是有始也。又曰:"见群龙无首,天德不可为首。"则无始也。所谓"有始"者,毕竟无始也。《庄子》论此更为明白,云:"有始也者,有未始有始也者,有未始有夫未始有始也者。"《说文系传》云:"无通于元者,即未始有始之谓也。"又佛法有"缘起"之说,唯识宗以阿赖耶识为缘起,《起信论》以如来藏为缘起。二者均有始。而《华严》则称"无尽缘起",是无始也。其实缘起本求之不尽,无可奈何,乃立此名耳。本无始,无可奈何称之曰"始",未必纯是,无可奈何又称之曰"无始",故曰"无通于元"。儒家无极、太极之说,意亦类是。故《老子》曰:"天下万物生于有,有生于无。"语本了然,非外道也。

"无我"之言,《老子》书中所无,而《庄子》详言之。太史公《孔子世家》:"老子送孔子曰:'为人臣者毋以有己,为人子者毋以有己'。"二语看似浅露,实则含义宏深。盖空谈无我,不如指切事状以为言,其意若曰一切无我,固不仅言为人臣、为人子而已。所以举臣与子者,就事说理《华严》所谓"事理无碍"矣,于是孔子退而有"犹龙"之叹。夫惟圣人为能知圣、孔子耳顺心通,故闻一即能知十。其后发为"毋意、毋必、毋固、毋我"之论,颜回得之而克己。此如禅宗之传授心法,不待繁词,但用片言只语,而明者自喻。然非孔子之聪明睿智,老子亦何从语之哉。

《德经》以上德、下德开端,云:"上德不德,是以有德。下德不失德,是以无德。""德者",得也。"不德"者,无所得也,无所得乃为德。其旨与佛法归结于"无所得"相同,亦与文王"视民如伤","望道而未之见"符合。盖道不可见,可见即非道。"望道而未之见"者,实无有道也。所以望之者,立文不得不如此耳,其实何尝望也。佛家以有所见为所知障,又称"理障"。有一点智识,即有一点"所知障"。纵令理想极高,望去如有物在,即所知障也。今世讲哲学者不知此义,无论剖析若何精微,总是所知障也。老子谓"玄之又玄,众妙之门","玄"之一字,于老子自当重视。然老子又曰"涤除玄览",玄且非扫除不可,况其他哉!亦有极高极深之理,自觉丝毫无谬,而念念不舍,心存目想,即有所得,即所谓所知障,即不失德之"下德"也。孔子云:"吾有知乎哉?无知也。"无知故所知障尽。颜子语孔子曰:"回益矣,忘仁义矣。"孔子曰:"可矣,犹未也。"它日复见曰:"回益矣,忘礼乐矣。"孔子曰:"可矣,犹未也。"它日复见曰:"回益矣,坐忘矣。"孔子乃称:"而果其贤乎!丘请从而后。"盖"坐忘"者,一切皆忘之谓,即无所得之"上德"也。此种议论,《老子》书所不详,达者观之立喻,不达者语之而不能明,非如佛书之反复申明,强聒而不舍。盖儒以修己治人为本,道家君人南面之术,亦有用世之心。如专讲此等玄谈,则超出范围,有决江救涸之嫌。政略示其微而不肯详说。否则其流弊即是清淡,非惟祸及国家,抑且有伤风俗,故孔、老不为也。印度地处热带,衣食之忧、非其所急。不重财产,故室庐亦多无用处,自非男女之欲,社会无甚争端。政治一事,可有可无,故得走入清淡一路而无害。中土不然,衣食居处,必赖勤力以得之，于是有生存竞争之事。团体不得不结，社会不得不立，政治不得不讲。目前之急，不在乎有我、无我，乃在衣食之足不足耳。故儒家、道家，但务目前之急，超出世间之理，不欲过于讲论，非智识已到、修养已足者，不轻为之语。此儒、道与释家根本虽同而方法各异之故也。

六朝人多以老、庄附佛法，而玄奘以为孔、老两家，去佛甚远，至不肯译《老子》，恐为印度人所笑。盖玄奘在佛法中为大改革家，崇拜西土，以为语语皆是，而中国人语都非了义。以玄奘之智慧，未必不能解孔子、老子之语，特以前人注解未能了然，虽或浏览，不足启悟也。南齐顾欢谓孔、老与佛法无异，中国人只须依孔、老之法、不必追随佛法。虽所引不甚切当，而大意则是至"老子化胡"，乃悠谬之语。人各有所得，奚必定由传授！

道士与老子无关，司马温公已见及此。道士以登仙为极则，而《庄子》有齐死生之说，又记老聃之死，正与道士不死之说相反也。汉武帝信少翁、栾大、李少君之属，以求神仙，当时尚未牵合神仙、老子为一。《汉书·艺文志》以神仙、医经、经方同入"方技"，可证也。汉末张道陵注《老子》，其孙鲁亦注《老子》，以老子牵入彼教，殆自此始。后世道士，乃张道陵一派也。然少翁辈志在求仙，道陵亦不然，仅事祈祷，或用符箓捉鬼，谓之"劾禁"。盖道士须分两派：一为神仙家，以求长生觊登仙为务；一为劾禁家，则巫之余裔也。北魏寇谦之出，道士之说大行。近代天师打醮、画符、降妖而不求仙，即是劾禁一派。前年，余寓沪上，张真人过访。余问炼丹否？真人曰："炼丹须清心寡欲。"盖自以不能也。梁陶宏景为《本草》作注，又作《百一方》，而专务神仙。医家本与神仙家相近。后世称陶氏一派曰"茅山派"，张氏一派曰"龙虎山派"。二派既不同，而炼丹又分内丹、外丹二派。《抱朴子》载炼丹之法，唐人信之，服"大还"而致命者不少。后变而为内丹之说，《悟真篇》即其代表。然于古有汉人所作《参同契》，亦著此意。元邱处机亦与内丹相近，白云观道士即此派也，此派又称"龙门派"。是故今之道士，有此三派，而皆与老子无关者也。

神仙家、道家，《隋志》犹不相混，清修《四库》，始混而为一。其实炼丹一派，于古只称神仙家，与道家毫无关系。宋元间人集《道藏》，凡诸子书，自儒家之外，皆被收录。余谓求仙一派，本属神仙家，前已言之。劾禁一派，非但与老子无关，亦与神仙家无关。求之载籍，盖与《墨子》为近。自汉末至唐，相传墨子有《枕中五行记》。《后汉书·刘根传》："根隐居嵩山，诸好事者就根学道。太守史祈以根为妖妄，收而数之曰：'汝有何术，而诬惑百姓。'根曰：'实无他异，颇能令人见鬼耳。'于是左顾而啸，祈之亡父祖及近亲数十人皆反缚在前，向根叩头。祈惊惧，顿首流血。根默然，忽俱去不知所在。"余按，其术与《墨子·明鬼》相近。刘根得之何人不可知，张道陵之术与刘根近似，必有所受之也。盖劾禁一派虽于《老子》无关，要非纯出黄巾米贼。故能使晋世士大夫若王羲之、殷仲堪辈皆崇信之也。

庄子自言与老聃之道术不同，"死与生与，天地并与，神明往与"，此老子所不谈，而庄子闻其风而悦之。盖庄子有近乎佛家轮回之说，而老子无之。《庄子》云："若人之形者，万化而未始有极也，其为乐可胜计邪？"此谓虽有轮回而不足惧，较之"精气为物，游魂为变"二语，益为明白。《老子》但论"摄生"而不及"不死不生"，《庄子》则有"不死不生"之说。《大宗师》篇："南伯子葵问乎女偊，女偊称卜梁倚守其道三日，而后能外天下，又守之七日，而后能外物。又守之九日，而后能外生。已外生矣，而后能朝彻。朝彻，而后能见独，见独而后能无古今。无古今，而后能入于不死不生。"天下者，空间也。外天下则无空间观念。物者，实体也，外物即一切物体不足撄其心。先外天下，然后外物者，天下即佛法所谓地水火风之器世间，物即佛法所谓有情世间也。已破空间观念，乃可破有情世间，看得一切物体与己无关，然后能外生。外生者犹未能证到不死不生，必须朝彻而见独。朝彻犹言顿悟，见独则人所不见，己独能见，故先朝彻而后能见独。人为时间所转，乃成生死之念。无古今者，无时间观念，死生之念因之灭绝，故能证知不死不生矣。佛家最重现量，阳明亦称留得此心常现在。《庄子》云无古今而后能入于不死不生者，亦此意也。南伯子葵、女偊、卜梁倚，其人有无不可知。然其言如此，前人所未道，而庄子盛称之，此即与老聃异趣。老子讲求卫生，《庚桑楚》篇，老聃为南荣趎论卫生之经可见。用世涉务必先能卫生。近代曾国藩见部属有病者辄痛诃之，即是此意。《史记·老子列传》称老子寿一百六十余，卫生之效，于此可见。然庄子所以好言"不死不生"，以彭祖、殇子等量齐观者，殆亦有故。《庄子》书中，自老子而外最推重颜子，于孔子尚有微辞，于颜子则从无贬语。颜子之道，去老子不远，而不幸短命，是以庄子不信卫生而有"一死生、齐彭殇"之说也。

内篇以《逍遥》《齐物》开端，浅言之"逍遥"者，自由之义；"齐物"者，平等之旨。然有所待而逍遥，非真逍遥也。大鹏自北冥徙于南冥，经时六月，方得高飞，又须天空之广大，扶摇、羊角之势，方能鼓翼。如无六月之时间，九万里之空间，斯不能逍遥矣。列子御风，似可以逍遥矣，然非风则不得行，犹有所待，非真逍遥也。禅家载黄龙禅师说法，吕洞宾往听，师问道服者谁，洞宾称云水道人。师曰："云干水涸，汝从何处安身？"此袭《庄子》语也。无待，今所谓"绝对"。惟绝对乃得真自由，故"逍遥"云者，非今通称之"自由"也。如云法律之内有自由，固不为真自由。即无政府，亦未为真自由。在外有种种动物为人害者，在内有饮食男女之欲，喜怒哀乐之情，时时困其身心。亦不得自由。必也一切都空，才得真自由。故后文有外天下、外物之论，此乃自由之极至也。

"齐物论"三字，或谓"齐物之论"或谓"齐观物论"。二义俱通。《庄子》此篇，殆为战国初期，学派纷歧，是非蜂起而作。彼亦一是非，此亦一是非，庄子则以为一切本无是非。不论人物，均各是其所是，非其所非，惟至人乃无是非。必也思想断灭，然后是非之见泯也。其论与寻常论平等者不同，寻常论平等者仅言人人平等，或一切有情平等而已。是非之间，仍不能平等也。庄子以为至乎其极，必也泯绝是非，方可谓之平等耳。

揆庄子之意，以为凡事不能穷究其理由，故云恶乎然，然于然；恶乎不然，不然于不然。然之理即在于然，不然之理即在于不然。若推寻根源，至无穷，而然、不然之理终不可得，故云"然于然""不然于不然"，不必穷究是非之来源也。《逍遥》《齐物》之旨，大略如是。

《养生主》为常人说法，然于学者亦有关系。其云"生也有涯，知也无涯，以有涯随无涯殆已。"斯言良是。夫境界无穷，生命有限，以有限求无穷，是夸父逐日也。《养生主》命意浅显，颇似老子卫生之谈。然不以之为七篇之首，而次于第三，可知庄子之意，卫生非所重也。世间惟愚人不求知，稍有智慧，无不竭力求知。然所谓"一物不知，儒者之耻"，天下安有此事。如此求知，所谓殆已。其末云："指穷于为薪，火传也，不知其尽也。"以薪喻形骸，以火喻神识，薪尽而火传至别物。薪有尽，而火无穷，喻形体有尽，而神识无尽，此佛家轮回之说也。

《人世间》论处世之道，颜子将之卫、叶公问仲尼二段可见，其中尤以心斋一语为精。宋儒亦多以晏坐为务。余谓心斋犹坐也。古者以《诗》《书》、礼、乐教士，《诗》《书》属于智识，礼、乐属于行为。古人守礼，故能安定。后人无礼可守，心常扰扰。《曲礼》云："坐如尸，立如斋。"此与晏坐之功无大异。常人闲居无事，非昏沉，即掉举。欲救此弊，惟有晏坐一法。古人礼乐不可斯须去身，非礼勿动，非礼勿言，自不必别学晏坐。"子之燕居，申申如也，夭夭如也。"申申，挺直之意。夭夭，屈申之意。申申、夭夭并举，非崛强、亦非伛偻，盖在不申、不屈之间矣。古有礼以范围，不必晏坐，自然合度。此须观其会通，非谓佛法未入之时，中土绝无晏坐法也。心斋之说，与"四勿"语相近。故其境界，亦与晏坐无异。向来注《庄子》者，于"瞻彼阕者，虚室生白，吉祥止止"十二字多不了然，谓"室"比喻心，心能空虚，则纯白独生，然"阕"字终不可解。按《说文》，"事已闭门"为阕，此盖言晏坐闭门，人从门隙望之，不见有人，但见一室白光而已。此种语，佛书所恒道，而中土无之，故非郭子玄所知也。

《德充符》言形骸之不足宝，故以兀者王骀发论，至谓王骀之徒与孔子中分鲁国，则其事有无不可知矣。中有二语，含意最深，自来不得其解，曰："以其知得其心，以其心得其常心。"余谓此王骀之绝诣也。"知"者，佛法所谓意识。"心"者，佛法所谓阿赖耶。阿赖耶恒转如瀑流，而真如心则无变动。"常心"者，真如心之谓。以止观求阿赖耶，所得犹假，直接以阿赖耶求真如心，所得乃真。此等语与佛法无丝毫之异。世间最高之语，尽于此矣。

《大宗师》篇有不可解处，"如真人之息以踵，众人之息以喉"。喉、踵对文，自当训为实字，疑参神仙家言矣。至乎其极，即为卜梁倚之不死不生，如此方得谓之大宗师。

《应帝王》言变化不测之妙。列子遇季咸而心醉，归告其师壶子。季咸善相人，壶子使之相，示之以地文，示之以天壤，示之以太冲，最后示之以虚而委蛇，季咸无从窥测，自失而走。此如《传镫录》所载忠国师事，有西僧能知人心事。师往问之，僧曰："汝何以在天津桥上看猢狲耶？"师再问之，僧又云云。最后一无所念而问之，僧无从作答，此即壶子对季咸之法矣。

　　要之，内篇七首，佛家精义俱在。外篇、杂篇与内篇稍异。盖《庄子》一书有各种言说，外篇、杂篇，颇有佛法所谓天乘一派。《让王篇》主人事，而推重高隐一流。盖庄子生于乱世，用世之心，不如老子之切，故有此论。郭子玄注反薄高隐而重仕宦。此子玄之私臆，未可轻信。子玄仕于东海王越，招权纳贿，素论去之，故其语如此，亦其所也，惟大致不谬耳。外篇、杂篇为数二十六，更有佚篇，郭氏删去不注，以为非庄子本旨。杂篇有孔子见盗跖及渔父事，东坡以为此二篇当删。其实《渔父篇》未为揶揄之言，《盗跖篇》亦有微意在也。七国儒者，皆托孔子之说以糊口，庄子欲骂倒此辈，不得不毁及孔子，此与禅宗呵佛骂祖相似。禅宗虽呵佛骂祖，于本师则无不敬之言。庄子虽揶揄孔子，然不及颜子，其事正同。禅宗所以呵佛骂祖者，各派持论，均有根据，非根据佛，即根据祖，如用寻常驳辨，未必有取胜之道，不得已而呵佛骂祖耳。孔子之徒，颜子最高，一生从未服官，无七国游说之风。自子贡开游说之端，子路、冉有皆以从政终其身。于是七国时仕宦游说之士，多以孔子为依归，却不能依傍颜子，故庄子独称之也。东坡生于宋代，已见佛家呵佛骂祖之风，不知何以不明此理，而谓此二篇当删去也。

　　太史公谓庄子著书十余万言，剽剥儒、墨。今观《天下篇》开端即反对墨子之道。谓墨子虽独能任，奈天下何？则史公之言信矣。惟所谓儒者乃当时之儒，非周公、孔子也。其讥弹孔子者，凡以便取持论，非出本意，犹禅宗之呵佛骂祖耳。

老子一派，传者甚众，而《庄子》书，西汉人见者寥寥。史公而外，刘向校书，当曾见之。桓谭号为博览，顾独未见《庄子》。班嗣家有赐书，谭乞借《庄子》，而嗣不许。《法言》曾引《庄子》，殆扬子云校书天禄阁时所曾见者。班孟坚始有解《庄子》语，今见《经典释文》。外此则无有称者。至魏晋间，《庄子》始见重于世，其书亦渐流传。自《庄子》流传，而清谈之风乃盛。由清谈而引进佛法，魏晋间讲佛法者，皆先究《庄子》。《宏明集》所录，皆庄、佛并讲者也。汉儒与佛法扞格，无沟通之理。明帝时佛经虽入中土，当时视之，不过一种神教而已。自《庄子》之说流行，不啻为研究佛法作一阶梯，此亦犹利玛窦入中国，传其天算之学，而中国人即能了悟。所以然者，利玛窦未入之前，天元、四元之术，已研究有素，故易于接引也。

清儒谓汉称黄老，不及老庄。黄老可以致治，老庄惟以致乱。然史公以老、庄、申、韩同传，老子有治天下语。汉文兼参申韩，故政治修明。庄子政治语少，似乎遗弃世务。其实，庄在老后，政治之论，老子已足，高深之论，则犹有未逮，故庄子偏重于此也。漆园小吏，不过比今公安局长耳，而庄子任之。官愈小，事愈繁剧，岂庄子纯然不涉世务哉！清谈之士，皆是贵族，但借庄子以自高，故独申其无为之旨。然不但清谈足以乱天下，讲理学太过，亦足以乱天下。亭林谓今之心学，即昔之清谈，比喻至切。此非理学之根本足以乱天下，讲理学而一切不问，斯足以乱天下耳。以故，黄老治天下、老庄乱天下之语,未为通论也。

墨家

　　墨子,据高诱《吕览注》谓为鲁人。《史记·孟荀列传》"或曰并孔子时,或曰在其后。"盖墨子去孔子不远,与公输般同时。据《礼记·檀弓》,季康子之母死,公输般请以机封,事在哀公之末,或悼公之初。墨子见楚惠王时,盖已三四十岁,是时公输般已老,则墨子行辈,略后于般也。《亲士篇》言吴起之裂。考吴起车裂,在周安王二十一年,上去孔子卒已逾百年。墨子虽寿考,当不及见。至《所染篇》言宋康染于唐鞅田不礼。宋康之灭,在周赧王二十九年,去吴起之裂又九十余年,则决非墨子所及见矣。是知《墨子》书有非墨子自著而后人附益之者。《韩非·显学篇》称:"孔子墨之后,儒分为八,墨离为三。有相里氏之墨、相夫氏之墨、邓陵氏之墨。"《庄子·天下篇》亦云:"相里勤之弟子五侯之徒,南方之墨者,苦获已齿、邓陵子之属,俱诵《墨经》,而倍谲不同,相谓别墨。"今观墨子《尚贤》《尚同》《兼爱》《非攻》《节用》《节葬》《天志》《明鬼》《非乐》《非命》,皆有上中下三篇,文字虽小异,而大体则同。一人所著,决不如此重沓,此即"墨离为三"之证。三家所传不同,而集录者兼采之耳。《汉书》称《墨子》七十一篇，今存五十三篇。

墨子之学，以兼爱、尚同为本。兼爱、尚同，则不得不尚贤。至于节用，其旨专在俭约，则所以达兼爱之路也。节葬、非乐，皆由节用来。要之，皆尚俭之法耳。明鬼之道，自古有之，墨子传之，以为神道设教之助，亦有所不得已。依墨子之道，强本节用，亦有用处，而孟子、荀子非之。孟子斥其兼爱，荀子斥其尚俭。夫兼爱之道，乃人君所有事，墨子无其位而有其行，故孟子斥为无父。汪容甫谓孟子厚诬墨子，实非知言。近世治墨学者，喜言《经上》《经下》，不知墨子本旨在兼爱、尚同，而尚贤、节用、节葬、非乐是其办法，明鬼则其作用也。

明鬼自是迷信。春秋战国之间，民智渐启，孔子无迷信之语，老子语更玄妙，何以墨子犹有尊天明鬼之说？近人以此致疑老子不应在墨子之前，谓与思想顺序不合。不知老子著书，关尹所请，关尹自当传习其书。《庄子·达生篇》有列子问关尹事，则老子传之关尹，关尹传之列子矣。今《列子》书虽是伪托，《庄子》记列子事则可信。《让王篇》言郑子阳遗粟于列子，据《史记·六国表》《郑世家》，子阳之死在周安王四年，是时上去孔子之卒八十一年。列子与子阳同时，遗粟之时，盖已年老，问关尹事当在其前，关尹受老子之书又在其前，如此上推，则老、孔本同时，列子与墨子同时。然老子著书传关尹，关尹传列子，此外有无弟子不可知。齐稷下先生盛言老子，则在墨子之后五六十年。近人以为思想进步必须有顺序，然必须一国之中交通方便，著书易于流布，方足言此。何者？

一书之出，人人共见，思想自不致却退也。若春秋之末，各国严分疆界，交通不便。著书则传诸其人，不若后世之流行，安得以此为论。且墨子足迹，未出鲁、宋、齐、楚四国。宋国以北，墨子所未至。老子著书在函谷关，去宋辽远，列子郑人，与宋亦尚异处，故谓墨子未见老子之书可也。墨子与孔子同为鲁人，见闻所及，故有"非儒"之说。然《论语》一书，恐墨子亦未之见。《论语》云："曾子有疾，孟敬子问之。"而《礼记》："悼公之丧，孟敬子食食。"可见《论语》之成，在鲁悼之后，当楚简王之世。是时墨子已老，其说早已流行，故《论语》虽记孔子"天何言哉"之言，而墨子犹言天志也。

又学派不同，师承各别，墨子即见老孔之书，亦未必遽然随之而变。今按儒家著书在后，道、墨著书在前。《伊尹》《太公》之书，《艺文志》所不信，《辛甲》二十九篇则可信也。墨家以《尹佚》二篇开端，尹佚即史佚也。《艺文志》所称某家者流出于某官，多推想之辞。惟道家之出史官，墨家之出清庙之守，确为事实。道家辛甲为周之太史，墨家不但史角为清庙之守，尹佚亦清庙之守。《洛诰》逸祝册可证也。师承之远，历五百余载，学派自不肯轻易改变。故公孟以无鬼之论驳墨子，墨子无论如何不肯信也。春秋之前，道家有辛甲，墨家有尹佚。《左传》引尹佚之语五，《国语》引之者一，而辛甲则鲜见称引。可见尹佚之学流传甚广，而辛甲之学则不甚传。老子本之辛甲，墨子本之尹佚，二家原本不同。以故墨子即亲见老子之书，亦不肯随之而变也。

《礼记》孔子语不尽可信，而《论语》及《三朝记》，汉儒皆以为孔子之语,可信。《三朝记·千乘篇》云:"下无用则国家富,上有义则国家治,长有礼则民不争,立有神则国家敬。兼而爱之,则民无怨心,以为无命,则民不偷。昔者先王立此六者,而树之德,此国家所以茂也。"今按孔子所言,与墨子相同者五。"无用"即不奢侈之意,墨子所谓"节用"也。"上有义"即墨子所谓尚同也,立有神即墨子所谓"明鬼"也,"以为无命",即墨子所谓"非命"也。盖尹佚有此言,而孔子引之。其中不及节葬、非乐者,据《礼记·曾子问》:"下殇,土周,葬于园,遂舆机而往。史佚有子而殇,棺敛于宫中。"于此可见史佚不主节葬。周用六代之乐,史佚王官,亦断不能非之。节葬、非乐,乃墨子量时度势之言。尹佚当太平时,本无须乎此。墨子经春秋之乱,目睹厚葬以致发冢,故主节葬。春秋之初,乐有等级,及季氏僭用八佾,三家以雍彻,后又为女乐所乱,有不得不非之势。盖节葬、非乐二者,本非尹佚所有,乃墨子以意增加者也。其余兼爱、尚同、明鬼、节用,自尹佚以来已有之。尚贤老子所非,其名固不始于墨子。墨子明鬼,但能称引典籍而不能明言其理,盖亦远承家法,非己意所发明也。

孔老之于鬼神,措辞含蓄,不绝对主张其有,亦不绝对主张其无。老子曰:"以道莅天下,其鬼不神。"韩非解之曰:"夫内无痤疽瘅痔之害,而外无刑罚法诛之祸者,其轻恬鬼也甚,故曰以道莅天下,其鬼不神。"盖天下有道,祸福有常,则鬼神不足畏矣。孔子曰:"敬鬼神而远之。"然《中庸》曰:"鬼神之为德,视之而弗见,听之而弗闻,体物而不可遗,洋洋乎如在其上,如在其左右。"如此旁皇周浃，又焉能远，盖孔、老之言，皆谓鬼神之有无，全视人之信不信耳。至公孟乃昌言无鬼之论，此殆由孔、老皆有用世之志，不肯完全摧破迷信，正所谓"不信者吾亦信之"也。公孟在野之儒，无关政治，故公然论无鬼矣。凡人类思想，固由闭塞而渐进于开明，然有时亦未见其然，竟有先进步而后却退者。如鬼神之说，政治衰则迷信甚，信如老子之言。然魏有王弼、何晏崇尚清谈，西晋则乐广、王衍大扇玄风，于是迷信几于绝矣。至东晋而葛洪著《抱朴子》内、外篇，外篇语近儒家，内篇则专论炼丹。尔时老庄"一生死、齐彭殇"之论已成常识，而《抱朴》犹信炼丹，以续神仙家之绪。又如阳明学派，盛行于江西，而袁了凡亦江西人，独倡为"功过格"，以承道教之风。夫清谈在前，而后有葛洪，阳明在前，而后有袁黄。皆先进步而后却退也。一人之思想，决不至进而复退。至于学说兴替，师承不同，则进退无常。以故老子之言玄妙，孔子之言洒落，而墨子终不之信也。且墨子明鬼，亦有其不得已者在。墨子之学，主于兼爱、尚同，欲万民生活皆善，故以"节用"为第一法。节用则家给人足，然后可成其兼爱之事实，以节用故反对厚葬，排斥音乐。然人由俭入奢易，由奢反俭难。《庄子》云："以裘褐为衣，以跂蹻为服，墨子虽独能任，奈天下何？"墨子亦知其然，故用宗教迷信之言诱之，使人乐从，凡人能迷信，即处苦而甘。苦行头陀，不惮赤脚露顶，正以其心中有佛耳。南宋有邪教，曰"吃菜事魔"，其始盖以民之穷困，故教之吃菜，然恐人之不乐从也，故又教之事魔，事魔则人乐吃菜矣。于是从之者，皆渐饶益，论者或谓家道之丰，乃吃菜之功，非事魔之报，当禁事魔，不禁吃菜，其言似有理，实可笑也。夫不事魔，焉肯吃菜？墨子之明鬼，犹此志矣。人疑墨子能作机械，又《经上》《经下》辨析精微，明鬼之说，与此不类。不知其有深意存焉。

"节用"之说，孔、老皆同。老子以俭为宝，孔子曰"宁俭"。事俭有程度。孔子饭疏饮水，而又"割不正不食"，固以时为转移也。墨子无论有无，壹以自苦为极。其徒未必人人穷困，岂肯尽听其说哉？故以尊天明鬼教之，使之起信。此与吃菜事魔，雅无二致。若然，则公孟之论，宜乎不入耳矣。

《墨经》上、下所载，即"坚白同异"之发端。坚白同异，《艺文志》称为"名家"。名家之前，孔子有"正名"之语，《荀子》有《正名》之篇，皆论大体，不及琐细。其后《尹文子》亦然。独《墨子》有坚白同异之说，惠施、公孙龙辈承之，流为诡辩，与孔子、荀子不同。鲁哀公欲学小辩，孔子云："弈固十棋之变，由不可既也，而况天下之言乎？"小辩，盖即坚白同异之流。小事诡辩，人以为乐。如云"火不热""犬可为羊"，语异恒常，耸人听闻，无怪哀公乐之也。

《经》上下又近于后世科学之语，如："平，同高也"；"圜，一中同长也。"解释皆极精到。然物之形体，有勾股者，有三角者，有六觚者，但讲平、圆二种，一鳞一爪，偏而不全，总不如几何学事事俱备。且其书庞杂，无系统可寻。今人徒以其保存古代思想，故乐于研讨耳。其实不成片段，去《正名》篇远矣。

墨子数称"道禹",禹似为其教祖。《周髀算经》释"矩"字云:"禹之所以治天下者,此数之所生也。"赵注云:"禹治洪水,望山川之形,定高下之势,乃勾股之所由生。"《考工记》:"有虞氏上陶,夏后氏上匠。"禹明于勾股测量之术,匠人世守其法以营造宫室,通利沟洫。墨子既以禹为祖,故亦尚匠,亦擅勾股测量之术。公输般与之同时,世为巧匠。公输子削竹木以为鹊,成而飞之,三日不下。而墨子亦能作飞鸢。惟墨子由股术进求其理,故有"平,同高也"、"圜,一中同长也","端,体之无序而最前者也"诸语,此皆近于几何。所与远西不同者,远西先有原理,然后以之应用,中国反之,先应用然后求其理耳。

墨子、公输般皆生于鲁,皆能造机械,备攻守。其后楚欲攻宋,二人解带为城,以牒为械,试于惠王之前。般九设攻城之机变,墨子九距之。般之攻械尽,墨子之守圉有余。此虽墨子夸饰之辞,亦足征二人之工力相敌矣。

法家

《艺文志》称"法家者流,盖出于理官",余谓此语仅及其半。法家有两派:一派以法为主,商鞅是也;一派以术为主,申不害、慎到是也。惟韩非兼擅两者,而亦偏重于术。出于理官者,任法一派则然，而非所可语于任术一流。《晋书·刑法志》："魏文侯师李悝，撰次诸国法，著《法经》六篇，商君受之以相秦。"此语必有所本。今案，商鞅本事魏相公叔痤，为中庶子。秦孝公下令求贤，乃去魏之秦。《秦本纪》载其事在孝公元年，当梁惠王十年，上距魏文侯之卒，仅二十六年，故商鞅得与李悝相接。商鞅不务术，刻意任法，真所谓出于理官者。其余申不害、慎到，本于黄老而主刑名，不纯以法为主。韩非作《解老》《喻老》，亦法与术兼用者也。太史公以老、庄、申、韩同传，而商君别为之传，最为卓识。大概用法而不用术者，能制百姓小吏之奸，而不能制大臣之擅权，商鞅所短即在于是。主术者用意最深，其原出于道家，与出于理官者异。春秋时世卿执政，国君往往屈服。反对世卿者，辛伯谏周桓公云："并后匹嫡，两政耦国，乱之本也。"辛伯者，辛甲之后，是道家渐变而为法家矣。管子亦由道家而入法家，《法法》篇，谓："人君之势，能杀人、生人，富人、贫人，贵人、贱人。人主操此六者以畜其臣，人臣亦望此六者以事其君。六者在臣期年，臣不忠，君不能夺。在子期年，子不孝，父不能夺。故《春秋》之记，臣有弑其君，子有弑其父者。"其惧大权之旁落如此。《老子》则云："鱼不可脱于渊，国之利器不可以示人。"语虽简单，实最扼要。盖老子乃道家、法家之枢转矣。其后慎到论"势"申不害亦言术。势即权也，重权即不得不重术，术所以保其权者也。至韩非，渐以"法"与"术"并论，然仍重术。《奸劫弑臣篇》所论，仅防大臣之篡夺，而不忧百姓之不从令，其意与商鞅不同。夫大臣者，法在其手，徒法不足以为防，必辅之以术，此其所以重术也。《春秋》讥世卿，意亦相同。春秋之后，大臣篡弑者多。故其时论政者，多主专制。主专制者，非徒法家为然，管子、老子皆然，即儒家亦未尝不然。盖贵族用事，最易篡夺，君不专制，则臣必擅主。是故孔子有"不可以政假人"之论。而孟子对梁惠王之言，先及弑君。惟孟子不主用术，主用仁义以消弭乱原，此其与术家不同处耳。庄子以法术、仁义都不足为治，故云"窃钩者诛，窃国者侯。""绝圣弃知，大盗乃止。"然其时犹无易专制为民主之说，非必古人未见及此，亦知即变民主，无益于治耳。试观民国以来，选举大总统，无非籍兵力贿赂以得之。古人深知其弊，故或主执术以防奸，或主仁义以弭乱。要使势位尊于上，觊觎绝于下，天下国家何为而不治哉！

后世学管、老、申、慎而至者，惟汉文帝。学商鞅而至者，惟诸葛武侯。文帝阳为谦让，而最能执术以制权臣，其视陈平、周勃，盖如骨在口矣。初即位，即令宋昌、张武收其兵权，然后以微词免勃，而平亦旋死。《史》《汉》皆称文帝明申、韩之学，可知其不甚重法以防百姓。武侯信赏必罚，一意于法，适与文帝相反，虽自比管仲，实则取法商鞅。惟《商君书》列六虱，曰礼乐，曰诗书，曰修善，曰孝悌，曰诚信，曰贞廉，曰仁义，曰非兵，曰羞战。名为"六虱"，实有九事。商鞅以为六虱成群，则民不用，去其六虱，则兵民竞劝。而武侯《出师表》称"郭攸之、费祎、董允等，此皆良实，志虑忠纯"，可见武侯尚诚信贞廉为重，非如商鞅之极端用法，不须亲贤臣远小人也。《商君书》云："善治者使跖可信，而况伯夷乎？不能治者使伯夷可疑，而况盗跖乎？势不能为奸，虽跖可信也。势得为奸，虽伯夷可疑也。"独不念躬揽大柄、势得犯上，足以致人主之疑乎？夫教人以可疑之道，而欲人之不疑之也，难矣。作法自毙，正坐此论。及关下求舍，见拒而叹，不已晚乎？《韩非·定法》云："申不害言术，公孙鞅为法。二者不可相无。然申不害徒术而无法。韩者，晋之别国也，晋之故法未息，而韩之新法又生。先君之令未收，而后君之令又下。申不害不擅其法，不一其宪令，则奸多。故利在故法前令则道之，利在新法后令则道之，利在故新相反、前后相悖，则申不害虽十使昭侯用术，而奸臣犹有所谲其辞矣。故托万乘之劲韩、七十年而不至于霸王者，虽用术于上，法不勤饰于官之患也。公孙鞅徒法而无术，其治秦也，设告相坐而责其实，连什伍而同其罪，赏厚而信，刑重而必。是以其民用力劳而不休，逐敌危而不却，故其国富而兵强。然而无术以知奸，则以其富强资人臣而已矣。及孝公、商鞅死，惠王即位，秦法未败也，而张仪以秦殉韩、魏。惠王死，武王即位，甘茂以秦殉周。武王死，昭襄王即位，穰侯越韩、魏而东攻齐，五年而秦不益尺土之地，乃成其陶邑之封。应侯攻韩八年，成其汝南之封。""故战胜则大臣尊，益地则私封立，主无术以知奸也。商君虽十饰其法，人臣反用其资，故乘强秦之资，数十年而不至于帝王者，法不勤饰于官，主无术于上之患也。"其言甚是。以三国之事证之，魏文帝时兵力尚不足，明帝时兵力足矣，末年破公孙渊，后竟灭蜀，而齐王被废、高贵乡公被弑。魏室之强，适以成司马氏奸劫弑臣之祸，其故亦在无术以制大臣也。是故韩非以术与法二者并重。申不害之术，能控制大臣，而无整齐百姓之法，故相韩不能致富强。商鞅之法，能致富强，而不能防大臣之擅权。然商鞅之法，亦惟可施于秦国耳。何者？春秋时，秦久不列诸侯之会盟，故《史记·六国表》云："秦始小国僻远，诸夏宾之，比于戎翟。"商君曰："始秦戎翟之教，父子无别，同室而居。今我更制其教，而为其男女之别，大筑冀阙，营如鲁卫。"可见商鞅未至之时，秦民之无化甚矣。惟其无化，故可不用六虱，而专任以法。如以商君之法施之关东，正恐未必有效。公叔痤将死，语惠王曰："公孙鞅年虽少，有奇才，愿王举国而听之。即不听用，必杀之，无令出境。"假令惠王用公叔之言，使商鞅行法于魏，魏人被文侯教化之后，宜非徒法之所能制矣。是故武侯治蜀，虽主于法，犹有"亲贤臣、远小人"之论。盖知国情时势不同，未可纯用商君之法也。其后学商鞅者，唐有宋璟，明有张居正。宋璟行法，百官各称其职，刑赏无私，然不以整齐百姓。张居正之持法，务课吏职，信赏罚，一号令，然其督责所及，官吏而外，则士人也，犹不普及氓庶。于时阳明学派，盛行天下，士大夫竞讲学议政，居正恶之，尽毁天下书院为公廨。又主沙汰生员，向时童子每年入学者，一县多则二十，少亦十人，沙汰之后，大县不过三四人，小县有仅录一人者，此与商鞅之法相似。然于小民，犹不如商君持法之峻也。盖商君、武侯所治，同是小国，以秦民无化，蜀人柔弱，持法尚不得不异。江陵当天下一统之朝，法令之行，不如秦蜀之易。其治百姓，不敢十分严厉，固其所也。

商鞅不重孝悌诚信贞廉，老子有"不尚贤，使民不争"之语，慎到亦谓"块不失道，无用贤圣"。后人持论与之相近而意不同者，梨洲《明夷待访录》所云"有治法无治人"是也。慎到语本老子。老子目睹世卿执政，主权下逮，推原篡夺之祸，始于尚贤。《吕氏春秋·长见篇》云："太公望封于齐，周公旦封于鲁，二君甚相善也，相谓曰：'何以治国？'太公望曰：'尊贤尚功。'周公旦曰：'亲亲上恩。'太公望曰：'鲁自此削矣。'周公旦曰：'鲁虽削，有齐者亦必非吕氏也。'其后齐日以大，至于霸，二十四世而田成子有齐国。鲁日以削，至于觐存，三十四世而亡。"盖"尊贤上功"，国威外达，主权亦必旁落，不能免篡弑之祸。"亲亲尚恩"，以相忍为国，虽无篡弑之祸，亦不能致富强也。老子不尚贤，意在防篡弑之祸，而慎到之意又不同。汉之曹参、宋之李沆，皆所谓"块不失道"者。曹参日夜饮醇酒，来者欲有言，辄饮以醇酒，莫得开说。李沆接宾客，常寡言，致有"无口匏"之诮。而沆自称，居重位，实无补，惟中外所陈利害，一切报罢之，少以此报国尔。盖曹、李之时，天下初平，只须与民休息，庸人扰之，则百姓不得休息矣。慎到之言，不但与老子相近，抑亦与曹、李相近。庄子学老子之术，而评田骈、慎到为"不知道"。慎到明明出于老子，而庄子诋之者，庄子卓识，异于术法二家，以为有政府在，虽不尚贤，犹有古来圣知之法，可资假借。王莽一流，假周、孔子道，行篡弑之事，固已为庄子所逆料。班孟坚曰："秦燔《诗》《书》，以立私议，莽诵六艺，以文奸言。殊途同归。"是故《诗》《礼》可以发冢，仁义适以资盗。必也绝圣弃知。大盗乃止。

有国者欲永免篡弑之祸，恐事势有所不能。日本侈言天皇万世一系，然试问大将军用事时，天皇之权何在？假令大将军不自取其咎，即可取天皇而代之，安见所谓万世一系耶？辛伯忧两政耦国，《公羊》讥世卿擅主，即如其说，遏绝祸乱之本，亦岂是久安长治之道？老子以为不尚贤则不争，然曹操、司马懿、刘裕有大勋劳于王室，终于篡夺，固为尚贤之过。若王莽无功，起自外戚，亦竟篡汉，不尚贤亦何救于争哉！若民主政体，选贤与能，即尚贤之谓。尚贤而争宜矣。

是故论政治者，无论法家、术家，要是苟安一时之计，断无一成不变之法。至于绝圣弃知，又不能见之实事。是故政治比于医药，医家处方，不过使人苟活一时，不能使人永免于死亡也。

名家

《汉书·艺文志》："名家者流，出于礼官。古者名位不同、礼亦异数。"余谓此乃局于一部之言，非可以概论名家也。《荀子·正名篇》举刑名、爵名、文名、散名四项。刑名、爵名、文名，皆有关于政治，而散名则普及社会一切事务，与政治无大关系。《艺文志》之说，仅及爵名，而名家多以散名为主。荀子因孔子"正名"之言，作《正名篇》，然言散名者多，言刑名、爵名者少。《墨子·经上》《下》以及惠施、公孙龙辈，皆论散名，故名家不全出于礼官也。

名家最得大体者荀子，次则尹文。尹文之语虽简，绝无诡辩之风。惠施、公孙龙以及《墨子·经上》《下》皆近诡辩一派，而以公孙龙为最。《法言》称公孙龙诡辞数万以为法，而不及尹文、惠施。《荀子》讥"惠施蔽于辞而不知实"，其实惠施尚少诡辨之习也。名家本出孔子"正名"一语，其后途径各别，遂至南辕北辙。

孔子"正名"之言有所本乎？曰：有。《礼记·祭法》云："黄帝正名百物，以明民共财。"《国语》作"成命百物。"韦注："命，名也。"郑注《论语》："正名，谓正书字也。古者曰名，今世曰字。"《礼记》曰："百名以上则书之于策。"然则黄帝"正名"，即仓颉造字矣。《易》曰："上古结绳而治，后世圣人易之以书契。"项籍云："书足以记姓名。"造字之初，本以记姓名，造契约。故曰"明民共财"。《易》曰"理财正辞"，其意亦同。《管子·心术篇》曰："物固有形，形固有名。此言不得过实，实不得延名。姑形以形，以形务名，督言正名。"延，即"延长"之意，过也。形不能定形，故须以名定之。此谓名与实不可相爽。然则"正名"之说，由来已久，孔子特采古人之说尔。

名家主形名，形名，犹言"名实"。孔子之后，名家首推尹文。尹文谓"名有三科：一曰命物之名，方员白黑是也；二曰毁誉之名，善恶贵贱是也。三曰况谓之名，贤愚爱憎是也"。其语简单肤廓，不甚切当。又云："有形者必有名，有名者未必有形。形而不名，未必失其方圆白黑之实。名而不可寻名，以检其差，故亦有名以检形。形以定名，名以定事，事以检名。察其所以然，则形名之与事物，无所隐其理矣。"。盖尹文是循名责实一派，无荒诞琐屑之病，惟失之泰简，大体不足耳。《荀子·正名》，颇得大体。其时惠施、公孙龙辈已出，故取当时诸家之说而破之。惠施、公孙龙二人之术，自来以为一派，其实亦不同。《庄子·天下篇》载惠施之说十条，其他辩者之说二十二条。今观惠施之说，尚少诡辩，与其他辨者之说卵有毛、鸡三足者不同。盖公孙龙辈未服官政，故得以诡辨欺人。而惠施身为卿相，且庄子称其"多方"。"多方"者，方法多也，知其不但为名家而已。黄缭问天地所以不坠不陷、风雨雷霆之故，惠施不辞而应，不虑而对，偏为万物说，说而不休，多而无已，犹以为寡，益之以怪。惠施之博学于此可见。叶水心尝称惠施之才高于孟子。今案，梁惠王东败于齐，长子死焉，西丧地于秦七百里，南辱于楚。意欲报齐，以问孟子。孟子不愿魏之攻齐，故但言可使制梃以挞秦楚之坚甲利兵。于是惠王问之惠施。惠施对以王若欲报齐，不如因变服折节而朝齐，楚王必怒。王游人而合其斗。则楚必伐齐。以休楚而伐疲齐，则必为楚禽，是王以楚毁齐也。惠王从之，楚果伐齐，大败于徐州。于此知惠施之有权谋，信如水心之言矣。今就《庄子》所载惠施之说而条辨之，无非形名家言也。一曰"至大无外谓之大一，至小无内谓之小一"，"小一"即几何学之点，点无大小长短可言，是其"小无内"也。"大一"即几何学之体，引点而为线，则有长短，引线而为面，则有方圆，引面而为体，是其大可以"无外"也。点为无内,故曰至小。体可无外,故曰至大。二曰"无厚不可积也,其大千里"。无厚者,空间也,故"不可积"。空间无穷,"千里"甚言其大耳。三曰"天与地卑、山与泽平"。"卑"当作"比"。《周髀算经》云:"天象盖笠,地法覆槃。"如其说,则天与地必有比连之处矣。《大戴礼记·曾子天圆篇》云:"如诚天圆而地方,则是四角之不掩也。"曾子之意,殆与惠施同。山高泽下,人所知也。山上有泽,《咸》之象也。黄河大江,皆出昆仑之巅,松花江亦自长白山下注,故云"山与泽平"也。四曰"日方中方睨,物方生方死"。今之常言,时间有过去、现在、未来三者,其实无现在之时间,方见日中,而日已睨矣。生理学者谓人体新陈代谢,七年而血肉骸骨都非故我之物,此与佛法刹那、无常之说符合。故曰"物方生方死",生死,犹佛言"生灭"尔。五曰"大同而与小同异,此之谓小同异。万物毕同毕异,此之谓大同异"。此义亦见《荀子·正名篇》。同者,荀子谓之"共"。异者,荀子谓之"别"。其言曰:"万物虽众,有时而欲偏举之,故谓之物。物也者,大共名也。推而共之,共则有共,至于无共然后止。有时而欲别举之,故谓之鸟兽。鸟兽也者,大别名也。推而别之,别则有别,至于无别然后止。"鸟兽,皆物也,别称之曰鸟兽,此之谓"小同异"。动物、植物、矿物同称之曰物,是"毕同"也。物与心为对待,由心观物,是"毕异"也,此之谓"大同异"。六曰"南方无穷而有穷"。此言太虚之无穷,而就地上言之则有穷也。四方皆然,言"南方"者,举一隅耳。七曰"今日适越而昔来"。谓之

"今日"，其为时有断限。谓之"昔"，其为时无断限。就适越一日之程言之，自昧旦至于日入，无非今日也。就既至于"越"言之，可云"昔至"也。八曰"连环可解也"。案《国策》秦昭王尝遣使者遗君王后连环，曰："齐多智，解此环不？"君王后以示群臣，群臣不知解。君王后引椎椎破之，谢秦使曰："谨以解矣。"杨升庵《丹铅录》尝论此事，以为连环必有解法，非椎破之也。今湖南四川颇有习解连环者。然惠施之意，但谓既能贯之，自能解之而已，其时有无解连环之法则不可知。九曰"我知天下之中央，燕之北、越之南是也"。此依旧注固可通，然依实事亦可通。据《周髀算经》，以北极为中央，则燕之北至北极，越之南亦至南极，非天之中央而何？十曰"泛爱万物，天地一体也"。此系实理，不待繁辞。综上十条观之，无一诡辩。其下二十二条，虽有可通者，然用意缴绕，不可不谓之诡辩。惠施与庄子相善，而公孙龙闻庄子之言，口呿而不合，舌举而不下。盖公孙龙纯为诡辩，故庄子不屑与为伍也。

　　惠施遗书，《汉志》仅列一篇。今欲考其遗事，《庄子》之外，《吕览》《国策》皆可资采摭。庄子盛称惠施。惠施既殁，庄子过其墓，顾谓从者曰："自夫子之死，吾无以为质，吾无与言之。"其推重之如此。然又诋之曰："由天地之道，观惠施之能，犹一蚊一虻之劳，则自道术之大处言之尔。"至于惠子相梁，庄子往见之。或谓惠子曰："庄子来，欲代之相。"于是惠子恐，搜于国中三日三夜。此事可疑。案《史记·魏世家》称惠王卑礼厚币以招贤者，其时惠施为相，令自己出，宜无拒绝庄子之事。意者鹓雏、腐鼠之喻，但为寓言，以自明其高尚而已。《吕览·不屈篇》云："魏惠王谓惠子曰：'寡人不若先生，愿得传国。'惠子辞。"以子之受燕于子哙度之，《吕览》之言可信。以此可知惠施之为名家，非后世清谈废事者比。要而论之，尹文简单，而不玄远。惠施玄远矣，尚非诡辩。《墨经·上》《下》以及公孙龙辈，斯纯为诡辨矣。自此辈出，而荀子有《正名》之作。

《荀子·正名》，本以刑名、爵名、文名、散名并举，而下文则专论散名。其故由于刑名随时可变，爵名易代则变。文名从礼，如《仪礼》之名物，后世改变者亦多矣。惟散名不易变。古今语言，虽有不同，然其变以渐，无突造新名以易旧名之事，不似刑名、爵名、文名之随政治而变也。有昔无而今有，昔微而今著者，自当增作新名。故荀子云："若有王者起，必有循于旧名，有作于新名。"散名之在人者，荀子举性、情、虑、伪、事、行、智、能、病、命十项。名何缘而有同异？荀子曰："缘天官。"此语甚是。人之五官，感觉相近，故言语可通，喜怒哀乐之情亦相近，故论制名之缘由曰"缘天官"也。其云"单足以喻则单，单不足以喻则兼"，此可以破"白马非马"之论。盖总而名之曰"马"，以色别之曰"白马"。"白马非马"之论，本无由成立也。至"坚白同异"之论，坚中无白，白中无坚。白由眼识，坚由身识。眼识有自而无坚，身识有坚而无白。由眼知白，由身知坚，由心综合而知其为石，于是名之曰石。故坚白同异之论，无可争也。如此则诡辩之说可破。大概草昧之民，思想不能综合，但知牛之为牛，马之为马，不知马与牛之俱为兽。知鸡之为鸡，鹜之为鹜，不知鸡与鹜之俱为鸟。稍稍进步，而有鸟兽之观念，再进步而有物之观念。有物之观念，斯人类开化矣。荀子又曰："名无固宜，约之以命，约定俗成谓之宜，异于约则谓之不宜。"盖物之命名，可彼可此。犬不必定谓之犬，羊不必定谓之羊，惟既呼之为犬、为羊，则约定俗成，犬即不可以为羊也。制名之理，本无甚高深。然一经制定，则不可以变乱。孔子谓"名不正则言不顺，言不顺则事不成，事不成则礼乐不兴，礼乐不兴则刑罚不中，刑罚不中则民无所措手足"，此推论至极之说。施于政治、文牍最要。若指鹿为马，则循名不能责实，其弊至于无所措手足矣。

要之，形与名，务须切合，儒家正名之旨在此。为名家者，即此已定。惠施虽非诡辩，然其玄远之语，犹非为政所急，以之讲学则可，以之施于政治则无所可用。至其他缴绕之论，适足乱名实耳。

儒术真论

昔韩非《显学》，胪列八儒，而传者独有孟、荀，其他种别，未易寻也。西京贾傅，为荀子再传，而董、刘诸公，已不能以一家名。且弘、汤之法盛行，而儒杂刀笔；参以灾祥鬼神，而儒杂墨术。自东京以来，盖相率如是。《荀子·儒效》云：其言议谈说，已无以异于墨子矣。然而明不能分别，是俗儒者也。然则七国之季，已有杂糅无师法者，后此何足论。今以《墨子·公孟》篇公孟子、程子与墨子相问难者，记其大略。此足以得儒术之真。其于八儒虽无可专属，要之微言故训，有上通于内圣外王之道，与夫混淆失真者，固大有殊矣。由斯推衍，其说可以卢牟六合，经纬冯生。盖圣道之大，无能出其范者。抑括囊无辩，谓之腐儒。今既摭拾诸子，旁采远西，用相研究，以明微旨，其诸君子亦有乐乎此欤？

惠定宇谓公孟子即公明子，为孔子之徒。近人孙诒让仲容则云：《潜夫论》志《氏姓》篇：卫公族有公孟氏，《左传·定十二年》疏谓公孟繁之后，以字为氏，则自有公孟氏，非公明氏也。《说苑·修文》篇有公孟子高见颛孙子莫及曾子，此公孟子疑即子高，盖七十子之弟子也。余谓子莫告公孟子高之言曰："去尔外厉，与尔内色胜，而心自取之，去三者而可矣。"今公孟子谓墨子曰："君子共己以待，问焉则言，不问焉则止。"又曰："实为善人孰不知？今子遍从人而说之，何其劳也。"即本子莫去外厉之意，则公孟子即公孟子高明甚。然即此愈知公孟即公明。《孟子·万章》篇有长息问公明高，即为公孟子高。且孟子言舜之怨慕，而举公明高之言以为证。又言："人少则慕父母，五十而慕者，独有大舜。"今公孟子则曰："三年之丧，学吾之慕父母。"墨子驳之则曰："夫婴儿子之知，独慕父母而已，父母不可得也。然号而不止，此其故何也？即愚之至也。然则儒者之知，岂有以贤于婴儿子哉！"是公孟子之言，与孟子所述慕父母义，若合镮印。则知公孟子、公孟子高、公明高为一人明甚。公孟、公明虽异族，然同声相借，亦有施之姓氏者。今夫司徒、申屠、胜屠，本一语也。而因其字异，遂为三族。荀与孙、虢与郭，本异族也，而因其声同，遂相假借。今公孟、公明，亦犹荀孙、虢郭，虽种胄有殊，而文字相贸，亦无不可。然既严事曾子，其不得为孔子之徒明矣。惠说亦未合也。今观其立说，亦醇疵互见，而宣尼微旨，于此可睹。捃摭秘逸，灼然如晦之见明者，凡数大端。呜呼！可不谓卓欤？

公孟子谓子墨子曰："昔者圣王之列也，上圣立为天子，其次立为卿大夫。今孔子博于诗书，察于礼乐，详于万物。若使孔子当圣王，则岂不以孔子为天子哉！"

按玄圣素王，本见《庄子》。今观此义，则知始元终麟，实以自王，而河图不出，文王既丧，其言皆以共主自任，非图谶妄言也。门人为臣，孔子以为行诈，诸侯卿尹之尊，非所以处上圣，进退失据，故斥言其欺。不然，子弓南面，任为天子。尚无所讳，而辞此区区乎？知此者独有梅子真尔？

公孟子曰："无鬼神。"又曰："君子必学祭祀。"子墨子曰："执无鬼而学祭礼，是犹无客而学客礼也，是犹无鱼而为鱼罟也。"子墨子谓程子曰："儒以天为不明，以鬼为不神，天鬼不说，此足以丧天下。"

按仲尼所以凌驾千圣，迈尧、舜轹公旦者，独在以天为不明及无鬼神二事。《荀子》曰：道者，非天之道，非地之道，人之所以道也，君子之所道也。此儒者穷高极远测深厚之义。若夫天体，余尝谓苍苍之天，非有形质，亦非有大圜之气。盖日与恒星，皆有地球，其阿屯以太，上薄无际，其间空气复厚，而人视之苍然，皆众日之余气，固非有天也。王育说，天诎西北为无，其说稍诞。盖天本无物，故无字从天诎之以指事，因下民所见，不得无所指斥，故强以颠义引申之而曰天。六经言天言帝，有周公以前之书，而仲尼删述，未或革更，若曰道曰自然而已矣。郊祭大报天而主日，万物之主，皆赖日之光热，而非有赖于天。故假言曰帝，其真即日。或以北极为耀瑰宝，北极又大于日九十三倍，故亦尊之，此则恒星万数，上帝亦可云万数。六帝之说，不遍不贬，要非虚增，然恒星各帝其地球而已，于此地球何与？明堂宗祀，盖自外至者也。且太微五星，固玄远矣，即至昵之日，虽昭昭大明，而非有恩威生杀之志，因上帝而有福善祸淫之说，其害犹细，其识已愚，因是以及鬼神，则诬妄日出，而人伦殆废。

盖太古民俗，无不尊严鬼神，五洲一也。感生帝之说，中国之羲、农，日本之诺、册二神，印度之日朝、月朝，犹太之耶稣，无不相类。以此致无人伦者，中外亦复不异。惟其感生，故有炎、黄异德兄弟婚媾之说，盖曰各出一帝，虽为夫妇，不为黩也。尧之厘降，不避近属，实蕾于是。其后以为成俗，则夏、商以来，六世而通婚姻，皆感生之说撼之矣。周道始隆，百世远别，此公旦所以什伯于尧、舜、汤、武，然依违两可，攻其支流，而未堙其源窟。《生民》之诗，犹曰履敏，则犷俗虽革，而精意未宣，小家珍说，反得以攻其阙。惟仲尼明于庶物，察于人伦，知天为不明，知鬼神为无，遂以此为拔本塞原之义，而万物之情状大著。由是感生帝之说诎，而禽兽行绝矣。此所以冠生民横大陆也。

何以知无鬼神？曰：斫卉木，磔羊豙，未闻其有鬼神，彼人固不得独有也。人所以有知者，分于父母，精虫胚珠是也。二者又摄引各点以为我有，使成官骸，而七情益扩，故成此知识，由于两精相搏，以生神明也。斯如两水相触，即便生浪。两味相和，乃生隽永，及精气相离而死，则神亦无存。譬之水既淤堙，浪即无有，两味化分，寻索隽永，了不可得。故精离则死，死则无知，其流定各质，久则合于他物，或入草木，或入胎卵，未有不化者。化之可见者，茅蒐是已。苌弘之血为碧，郑缓之精为秋柏之实，然已与他物

儒术真论

合,则其质既杂,自有柏与碧之知,而非弘、缓之知矣。此精气为物也。气弗聚者,散而从于空气,涣然飘泊,此游魂为变也。夫焉有精化既离,而神识能独立者乎?《圆觉经》云:我今此身,四大和合,所谓发毛爪齿,皮肉筋骨,髓脑垢色,皆归于地。唾涕脓血,津液涎沫,淡泪精气,大小便利,皆归于水。暖气归火,动转归风。四大各离,今者妄身,当在何处?《宝积经》云:此身生时,与其父母,四大种性,一类歌罗逻身。若唯地大。无水界者,譬如有人,握干妙灰,终不和合。若唯水界。无地界者,譬如油水,无有坚实,即便流散。若唯地水。无火界者,譬如夏月,阴处肉团,无日光照,即便烂坏。若唯地水火。无风界者,即不增长。《庵提遮女了义经》云:若能明知地水火风四缘,毕竟未曾自得,有所和合,以为生义。若知地水火风毕竟不自得,有所散,是为死义。是佛家亦以各质相磨而生,各质相离而死,而必言即合即离,生死一致,则黄马骊牛之遁辞矣。然死后六道,不尽为鬼,则亦与精气为物之义相近。其终不决言无鬼者,盖既言真者离身而有如来藏,则不得不言妄者离身而为鬼。然又言俄鬼有胎生化生,则所谓鬼者,亦物魅之类,而与人死者有殊。然则释家盖能识此旨,而故为不了以自圆其说也。

难曰:若以知识为分于父母,则父母安始,追溯无尽,非如来藏而何?然如来藏者,彼岂能道其有始耶?于如来藏亦言无始,而必责万物以有始,亦惑矣。难曰:知识果分于父母,则瞽舜、鲧禹,曷为相反?曰:夫岂独神识然,形亦然矣。张苍之父,长不满五尺,苍长八尺余,苍子复长八尺,及孙类长六尺余。可得云形体非分于父母耶？要之形之短长，知之顽圣，此高下之分，非相反也。以神识言，又岂独父子然。虽一身亦有善恶是非先后相贸者。颜琢聚，梁父之大盗也，学于孔子；段干木，晋国之大驵也，学于子夏；高何县子石，齐国之暴者也，指于乡曲，学于子墨子；索卢参，东方之巨狡也，学于禽滑厘。并为名士显人，如是者多矣。或有诹政虑事，一念之间，而筹画顿异，至于疢心自讼者。子夏投杖，汉高销印，斯类亦众，夫岂得谓有两身与两心耶？父母与子，何以异是？原夫二气相凝，非亲莫效，及脂膏既就，即有染习，贾生《胎教》，明著其义。是时材性高下，又由其亲一时之行迹而成，斯则得于其亲者，与初凝又少殊矣。及夫免乳以后，则见闻之习，师友之导，情状万端，匙非殊族，其异于亲也固宜。荀子有言：涂之人可以为禹。此则君师牧民，由斯以作。然具此可以为禹之材，非父母授之乎？大抵形体智识，一成不移，而形之肥瘠，识之优劣，则外感相因，可入熔治，不移者由于胚珠，可移者由于所染。夫鲁鸡之伏鹄卵，其雏犹鹄；而桑枝之续桃本，则其实非桑。非物之形性，一可变更，一不可变更也。卵中之胚，是鹄非鸡，故鹄不以鸡伏而易。树木之胚，是桃非桑，故桃能以桑体为己，此胚珠不移之说也。啮蹄在辔，驯良从御，驶骓无牧，泛驾不习，此因染致移之说也。乃若时代逾久，则物之形体，亦有因智识优劣而渐变者。要之，改良则分剂增多，退化则分剂减少，上古之颠木，迹层之枯鱼，皆吾郊宗石室，惟其求明趋化，以有吾侪之今日。昊天罔极，如何可酬？抑亲亲之杀，既具斯形，则知爱类而已。

难曰：人见厉魅，经籍多有，近世民俗，亦有传言。宁得自守单辞，谓鬼神为诬惑？曰：以佛家言，六道之中，饿鬼居一，一在地下五百由旬，一在人天之间。是则畛域区处，与人隔绝，人未尝有至饿鬼处者，而饿鬼独能至人处乎？且以阿修罗之强悍，诸天之智力，不至人处，而饿鬼以羸劣之质，独能至人处乎？是岂得以所见证其必有也。然则见者云何？曰：耳目有愆，齐襄之见彭生是也；心惑若寐，狐突之遇共君是也。二者皆一时假相，非有真形，乃其真者，则亦有之。太史公曰：学者多言无鬼神，然言有物。此最为豁然塙斯者。山精物魅，如龙夔魍魉者，固未尝无也，以其体不恒见，诡出都市，而人遂以鬼神目之，斯亦惑之甚矣。太古顽民，见锯䜣鬼，有熊蚩尤，惑乱不异，见彼煮蒿，遂崇巫祝。清庙之守，后为墨家，敬天尊鬼，遂与儒术相龃。夫岂非先圣哲王之法，而以难儒术，则犹以金椎攻太山矣。无鬼而祭者，亦知其未尝食，而因是以致思慕。至胙肉必餍饫之者，亦以形体神识，分于二人，己在则亲之神识所分，犹在吾体，故食胙无异亲之食之也。然则祭为其名，而胙致其实，何无容学礼无鱼作罟之可比乎？若夫天神地祇，则因是而准则之，苟有圣王，且当厘汰焉。呜呼！如太史公言，则秦汉间儒者，犹知无鬼神义。然武、昭以后，儒者说经，已勿能守。独王仲任有《论死》篇，晋人无鬼神论，而儒者又群哗焉。然则荀子谓言议谈说，无以异于墨子者，汉后诸儒，顾不然欤？

公孟子谓子墨子曰："有义不义，无祥不祥。"公孟子曰："贫富寿夭，齰然在天，不可损益。"子墨子曰："儒以命为有贫富寿天治乱安危有极矣，不可损益也。"

按墨子背周而从夏，《洪范》五行之说，以义不义，推祥不祥。禹陈九畴，而墨子畅之，皆天鬼之说所流行也。惟墨子于五行，信其德而不信其方位。阴阳家之言，则所必绝，故其答日者曰："帝以甲乙杀青龙于东方，以丙丁杀赤龙于南方，以庚辛杀白龙于西方，以壬癸杀黑龙于北方。若用子之言，则是禁天下之行者也。"《洪范》之言，则因五行以施五德，而顺之者吉，逆之者凶，故墨子独所尊信。汉初伏生，可谓大儒，然《五行传》犹拘牵天道。西京尊尚此学，实墨者之余烬也。荀子曰：夫日月之有蚀，风雨之不时，怪星之尝见，是无世而不常有之，上明而政平，则是虽并世起无伤也。上暗而政险，则是虽无一至者无益也。是则于五行感应之说，儒者已显斥之。而仲尼删《书》犹登《洪范》者，明夷六五，赵宾以为阴阳气亡箕子。箕子者，万物方菱兹也。盖《易》与箕子，若为两途。《象传》于明夷，一曰文王以之，一曰箕子以之，独以二人并称。缘伏羲以河图为《周易》，而文王衍其词；禹以洛书为《洪范》，而箕子畅其义。文王之说，当行于域中；而箕子之说，可被于营州玄菟之境，与中国之教殊矣。录之者见施政要服，有与京周异术者也。若夫督宗之教，于五福六极，固非所信焉尔。

虽然，禹与箕子之陈《洪范》，亦草创之初得其粗义耳！其精者则固异于祸福感应之说，而知各质散点相吸相离之自然。此其说在《庄子·天运》。其言曰：天其运乎？地其处乎？日月其争于所乎？孰主张是？孰维纲是？孰居无事推而行是？意者其有机缄而不得已耶？意者其运转而不能自止耶？云者为雨乎？雨者为云乎？孰隆施是？孰居无事淫乐而劝是？风起北方，一西一东，有上彷徨，孰嘘吸是？孰居无事而披拂是？敢问何故？巫咸祒曰：来！吾语女，天有六极五常，帝王顺之则治，逆之则凶，九洛之事，治成德备，监照下土，天下载之，此谓上皇。九洛即洛书九畴；六极五常，即六极五福。而其事由于帝王之自取，非由上皇为主宰，亦渗无眚符瑞以为劝戒，其成败治乱，应其行政而致。若天运地处，竟无主张维纲也，此则非墨子所知矣。

　　命之为说，公孟只言贫富寿夭，而墨子后增以治乱安危，盖诬儒者矣。治乱安危，惟人所措。至于贫富寿夭，则固有说，如伯夷之夭，原思之贫，此其志愿，又不可言命也。若夫单豹之遇虎，则夭有命矣；邓通之寄死，则贫有命矣。所谓命者，词穷语绝，不得已之借名，其所自出，则佛氏亦以为因果，是又以祸福感应与定命合而为一，其论巧矣。然师子尊者受挥刀断首之祸，而佛亦罹木枪马麦之患，虽至成道，尚不能免难，是则其所谓因果者，乃恩怨之报酬，而非善恶之赏罚矣。余谓报酬之义，异于《洪范》。盖非自主宰，而在私相予夺，此固理之必然者。悬土囊而击之，则土囊亦反触人，物莫不有跃力，况有知者乎？《吕览·诬徒》云：草木鸡狗牛马，不可谯诟遇之，谯诟遇之，则亦谯诟报人。然则命固有偶遇者，而亦有由于报酬者，然非如佛家所谓前生事也。自吾始祖以往，鱼鸟兽猿之祖，不知其更数百世，吾岂能知其恩怨所在哉？德几无小，灭宗无大，九世之仇，百年之德，至于今而始报之子孙，即报者亦不知其所以。盖先人之神识伏藏体中也是。故《易》说余庆余殃，必以家言，明其报复在种胄也。凡言命者，斯亦一端。至夫禄命推验，则非可凭矣。故古之言知命者，谓知其不可如何，而非谓其礼祥算数也。要之一人际遇，非能自主，合群图事，则成败视其所措。故一人有命，而国家无命。荀子曰：人之命在天，国之命在礼，君人者隆礼尊贤而王，重法爱民而霸，好利多诈而危，权谋倾覆幽险而尽亡矣。此以见一人之命有定限，而一国之命无定限也。又曰：从天而颂之，孰与制天命而用之。是则以天为不足称颂，而国命可自己制，其何有天哉？曰：天者自然而已。曰：命者遭遇而已。从俗之言，则曰天命，夫岂以苍苍者布令于下哉？嗟乎！愚者之颂天，宋偃之射天，上官安之骂天，其敬慢不同，而其以天为有知，或则哀吁，或则怨望，其愚一也。汉世之儒，勿信祸福感应而独言命者，惟王仲任耳！然执泥小数，至谓项羽用兵，实过高祖，其兴亡亦由天命。若国之安危，亦不能不出于此者，是亦固矣。若夫大儒之说，天无威庆而人有报施，一人则成亏前定，而合群则得丧在我，斯所以异于阴骘下民之说也。

　　上述三事，儒术所以深根宁极，无出其范者。神怪之教，婴之自溃，昧此而言儒，汉后所以无统纪也。非儒有抵诬孔子语，则所举儒说，亦必不可尽信。其驳昏丧诸礼，又皆小节，故勿论。

清儒

古之言虚，以为两垆之间，当其无垆。六艺者，古《诗》积三千余篇，其他益繁，鳜触无协；仲尼㓖其什九，而弗能专施于一术。故曰：达于九流，非儒家擅之也。

六艺，史也。上古史官，司国命，而记注义法未备，其书卓绝不循。《易》最恢奇，《诗》《书》亦时有盈辞；《礼》《春秋》者，其言径直易见观，故荀子为之，隆礼义，杀《诗》《书》。礼义隆，则《士礼》《周官》与夫公冠、奔丧之典，杂沓并出，而偕列于经。《诗》《书》杀，则伏生删百篇而为二十九；《齐诗》之说五际六情，庋《颂》与《国风》，而举二《雅》。

虽然，治经恒以诵法讨论为剂。诵法者，以其义束身，而有隆杀；讨论者，以其事观世，有其隆之，无或杀也。西京之儒，其诵法既狭隘，事不周浃而比次之，是故龃龉失实，犹以师说效用于王官，制法决事，兹益害也。杜、贾、马、郑之伦作，即知"拚国不在敦古"；博其别记，稽其法度，核其名实，论其群众以观世，而六艺复返于史，秘祝之病不溃于今。其源流清浊之所处，风化芳臭气泽之所及，则昭然察矣。变于魏、晋，定于唐，及宋、明始荡。继汉有作，而次清儒。

清世理学之言，竭而无余华；多忌，故歌诗文史梏；愚民，故经世先王之志衰。家有智慧，大凑于说经，亦以纾死，而其术近工眇踔善矣。

始故明职方郎昆山顾炎武为《唐韵正》《易诗本音》，古韵始明，其后言声音训诂者禀焉；太原阎若璩撰《古文尚书疏证》，定东晋晚书为作伪，学者宗之；济阳张尔岐始明《仪礼》；而德清胡渭审察地望，系之《禹贡》，皆为硕儒，然草创未精博，时糅杂元、明谰言。其成学著系统者，自乾隆朝始：一自吴，一自皖南。吴始惠栋，其学好博而尊闻。皖南始江永、戴震，综形名，任裁断。此其所异也。

先栋时有何焯、陈景云、沈德潜，皆尚洽通，杂治经史文辞。至栋，承其父士奇学，揖志经术，撰《九经古义》《周易述》《明堂大道录》《古文尚书考》《左传补注》，始精眇，不惑于瞍闻；然亦氾滥百家，尝注《后汉书》及王士祯诗，其余笔语尤众。栋弟子有江声、余萧客。声为《尚书集注音疏》，萧客为《古经解钩沉》，大共笃于尊信，缀次古义，鲜下己见。而王鸣盛、钱大昕亦被其风，稍益发舒。教于扬州，则汪中、刘台拱、李惇、贾田祖，以次兴起；萧客弟子甘泉江藩，复缵续《周易述》，皆陈义尔雅，渊乎古训是则者也。

震生休宁，受学婺源江永，治小学、礼经、算术、舆地，皆深通。其乡里同学有金榜、程瑶田，后有凌廷堪、三胡。三胡者，匡衷、承珙、培翚也，皆善治《礼》，而瑶田兼通水地、声律、工艺、谷食之学。震又教于京师，任大椿、卢文弨、孔广森皆从问业，弟子最知名者，金坛段玉裁、高邮王念孙。玉裁为《六书音均表》以解《说文》，《说文》明。念孙疏《广雅》，以经传诸子转相证明，诸古书文义诘诎者毕理解；授子引之，为《经传释词》，明三古辞气，汉儒所不能理绎，其小学训诂，自魏以来，未尝有也。近世德清俞樾、瑞安孙诒让，皆承念孙之学。樾为《古书疑义举例》，辨古人称名抵牾者，各从条列，使人无所疑眩，尤微至。世多以段、王、俞、孙为经儒，卒最精者乃在小学，往往得名家支流，非汉世《凡将》《急就》之侪也。凡戴学数家，分析条理，皆参密严瑮，上溯古义，而断以己之律令，与苏州诸学殊矣。

然自明末有浙东之学。万斯大、斯同兄弟，皆鄞人，师事余姚黄宗羲，称说《礼经》，杂陈汉、宋，而斯同独尊史法。其后余姚邵晋涵、鄞全祖望继之，尤善言明末遗事。会稽章学诚为文史、校雠诸《通义》，以复歆、固之学，其卓约近《史通》。而说《礼》者羁縻不绝。定海黄式三传浙东学，始与皖南交通。其子以周作《礼书通故》，三代度制大定。唯浙江上下诸学说，亦至是完集云。

初，太湖之滨，苏、常、松江、太仓诸邑，其民佚丽。自晚明以来，喜为文辞比兴，饮食会同，以博依相问难，故好浏览而无纪纲，其流风遍江之南北。惠栋兴，犹尚该洽百氏，乐文采者相与依违之。及江永、戴震起徽州，徽州于江南为高原，其民勤苦善治生，故求学深邃，言直核而无温藉，不便文士。震始入四库馆，诸儒皆震竦之，愿敛衽为弟子。天下视文士渐轻，文士与经儒始交恶。而江淮间治文辞者，故有方苞、姚范、刘大櫆，皆产桐城，以效法曾巩、归有光相高，亦愿尸程、朱为后世，谓之桐城义法。震为《孟子字义疏证》，以明材性，学者自是疑程、朱。桐城诸家，本未得程、朱要领，徒援引肤末，大言自壮，故尤被轻蔑。从子姚鼐欲从震学，震谢之，犹亟以微言匡饬。鼐不平，数持论诋朴学残碎。其后方东树为《汉学商兑》，徽识益分。阳湖恽敬、陆继辂，亦阴自桐城受义法。其余为俪辞者众，或阳奉戴氏，实不与其学相容。夫经说尚朴质，而文辞贵优衍，其分涂自然也。

　　文士既以熙荡自喜，又耻不习经典，于是有常州今文之学，务为瑰意眇辞，以便文士。今文者：《春秋》，公羊；《诗》，齐；《尚书》，伏生。而排摈《周官》，《左氏春秋》，《毛诗》，马、郑《尚书》。然皆以公羊为宗。始武进庄存与，与戴震同时，独喜治公羊氏，作《春秋正辞》，犹称说《周官》。其徒阳湖刘逢禄，始专主董生、李育，为《公羊释例》，属辞比事，类列彰较，亦不欲苟为恢诡。然其辞义温厚，能使览者说绎。及长洲宋翔凤，最善傅会，牵引饰说，或采翼奉诸家，而杂以谶纬神秘之辞。翔凤尝语人曰："《说文》始一而终亥，即古之《归藏》也。"其义瑰玮，而文特华妙，与治朴学者异术，故文士尤利之。道光末，邵阳魏源夸诞好言经世，尝以术奸说贵人，不遇；晚官高邮知州，益牢落，乃思治今文为名高。然素不知师法略例，又不识字，作诗、书《古微》，凡《诗》今文有齐、鲁、韩，《书》今文有欧阳、大小夏侯，故不一致，而齐、鲁、大小夏侯，尤相攻击如仇雠，源一切捆合之，所不能通，即归之古文，尤乱越无条理。仁和龚自珍，段玉裁外孙也，稍知书，亦治《公羊》，与魏源相称誉。而仁和邵懿辰为《尚书通义》《礼经通论》，指《逸书》十六篇、《逸礼》三十九篇为刘歆矫造，顾反信东晋古文，称诵不衰，斯所谓倒植者。要之，三子皆好姚易卓荦之辞，欲以前汉经术助其文采，不素习绳墨，故所论支离自陷，乃往往如评语。惟德清戴望述《公羊》以赞《论语》，为有师法。而湘潭王闿运遍注五经。闿运弟子，有井研廖平，自名其学，时有新义，以庄周为儒术，《左氏》为六经总传，说虽不根，然犹愈魏源辈绝无伦类者。

大抵清世经儒，自今文而外，大体与汉儒绝异。不以经术明治乱，故短于风议；不以阴阳断人事，故长于求是。短长虽异，要之皆征其通雅。何者？传记、通论，阔远难用，固不周于治乱；建议而不雠，夸诬何益？魑鬼、象纬、五行、占卦之术，以神教蔽六艺，怪妄。孰与断之人道，夷六艺于古史，徒料简事类，不曰吐言为律，则上世人事污隆之迹，犹大略可知。以此综贯，则可以明流变；以此裂分，则可以审因革。故惟惠栋、张惠言诸家，其治《周易》，不能无掎摭阴阳，其他几于屏阁。虽或琐碎识小，庶将远于巫祝者矣。

晚有番禺陈澧，善治声律、《切韵》，为一家言。当惠、戴学衰，今文家又守章句，不调洽于他书，始鸠合汉、宋，为《通义》及《读书记》，以郑玄、朱熹遗说最多，故弃其大体绝异者，独取小小翕盍，以为比类。此犹揣豪于千马，必有其分刌色理同者。澧亦絜行，善教授，诸显贵务名者多张之。弟子不能传其声律韵书，稍尚记诵，以言谈勦说取人。及翁同龢、潘祖荫用事，专以谀闻召诸小儒；学者务得宋元雕椠，而昧经记常事，清学始大衰。仲长子曰："天下学士有三奸焉。实不知，详不言，一也；窃他人之说，以成己说，二也；受无名者，移知者，三也。"

自古今文师法散绝，则唐有《五经》《周礼》《仪礼》诸疏，宋人继之，命曰《十三经注疏》。然《书》用枚颐，《左氏春秋》用杜预，《孝经》用唐玄宗，皆不厌人望。《周易》家王弼者，费氏之宗子，道大而似不肖，常见笑世儒，《正义》又疏略。枚颐伪为古文，仍世以为壁藏于宣父，其当刊正久矣。《毛诗传》最笃雅，《笺》失其宗，而《诗谱》能知远。郑氏《三礼》无间也，疏人或未通故言旧事，多违其本。

至清世为疏者，《易》有惠栋《述》，江藩、李林松《述补》，张惠言《虞氏义》虽拘滞，趣以识古；《书》有江声《集注音疏》，孙星衍《古今文注疏》；《诗》有陈奂《传疏》；《周礼》有孙诒让《正义》；《仪礼》有胡培翚《正义》；《春秋左传》有刘文淇《正义》；《公羊传》有陈立《义疏》；《论语》有刘宝楠《正义》；《孝经》有皮锡瑞《郑注疏》；《尔雅》有邵晋涵《正义》，郝懿行《义疏》；《孟子》有焦循《正义》。诸《易》义不足言，而《诗》疏稍胶固，其他皆过旧释。用物精多，时使之也。惟《礼记》《谷梁传》独阙，将孔疏翔实，后儒弗能加；而谷梁氏淡泊鲜味，治之者稀，前无所袭，非一人所能就故？他《易》有姚配中，《书》有刘逢禄，

《诗》有马瑞辰、胡承珙,探赜达旨,或高出新疏上。若惠士奇、段玉裁之于《周礼》,段玉裁、王鸣盛之于《尚书》,刘逢禄、凌曙、包慎言之于《公羊》,惠栋之于《左氏》,皆新疏所采也。焦循为《易通释》,取诸卦爻中文字声类相比者,从其方部,触类而长,所到冰释,或以天元术通之,虽陈义屈奇,诡更师法,亦足以名其家。黄式三为《论语后案》,时有善言,异于先师,信美而不离其枢者也。《谷梁传》惟侯康为可观,其余大抵疏阔。《礼记》在《三礼》间独寡训说。朱彬为《训纂》,义不师古;陈乔枞、俞樾并为《郑读考》,江永有《训义择言》,皆短促,不能具大体。其他《礼笺》《礼说》《礼书通故》诸书,博综《三礼》,则四十九篇在其中矣。而秦蕙田《五礼通考》,穷尽二千余年度法,欲自比《通典》,喜以世俗正古礼,虽博识,固不知量也。

然流俗言十三经,《孟子》故儒家,宜出;唯《孝经》《论语》,《七略》入之六艺,使专为一种,亦以尊圣泰甚,徇其时俗。六艺者官书,异于口说。礼堂六经之策,皆长二尺四寸。《孝经》谦半之;《论语》八寸策者,三分居一,又谦焉,以是知二书故不为经,宜隶《论语》儒家,出《孝经》,使傅《礼记》通论。即十三经者,当财减也。独段玉裁少之,谓宜增《大戴礼记》《国语》《史记》《汉书》《资治通鉴》及《说文解字》《周髀算经》《九章算术》,皆保氏书数之遗,集是八家,为二十一经。其言闳达,为雅儒所不能论。

至于古之六艺,唐、宋注疏所不存者,《逸周书》则校释于朱右曾,《尚书》欧阳、夏侯遗说则考于陈乔枞,三家《诗》遗说考于陈乔枞,《齐诗》翼氏学疏证于陈乔枞,《大戴礼记》补注于孔广森,《国语》疏于龚丽正、董增龄。其扶微辅弱,亦足多云。及夫单篇通论,醇美确固者,不可胜数。一言一事,必求其征,虽时有穿凿,弗能越其绳尺,宁若计簿善承展视而不惟其道,以俟后之咨于故实而考迹上世污隆者,举而措之,则质文蕃变,较然如丹墨可别也。然故明故训者,多说诸子,唯古史亦以度制事状征验,其务观世知化,不欲以经术致用,灼然矣!

若康熙、雍正、乾隆三世,纂修七经,辞义往往鄙倍,虽蔡沈、陈澔为之臣仆而不敢辞;时援古义,又椎钝弗能理解,譬如薰粪杂糅,徒睹其污点耳。而徇俗贱儒,如朱彝尊、顾栋高、任启运之徒,瞽学冥行,奋笔无怍,所谓乡曲之学,深可忿疾,譬之斗筲,何足选也!

原儒

儒有三科，关达、类、私之名。达名为儒，儒者，术士也。太史公《儒林列传》曰："秦之季世坑术士，而世谓之坑儒。"司马相如言："列仙之儒，居山泽间，形容甚臞。"赵太子悝亦语庄子曰："夫子必儒服而见王，事必大逆。"此虽道家方士言儒也。《盐铁论》曰："齐宣王褒儒尊学，孟轲、淳于髡之徒，受上大夫之禄，不任职而论国事。盖齐稷下先生千有余人，湣王矜功不休，诸儒谏不从，各分散，慎到、捷子亡去，田骈如薛，而孙卿适楚。"王充《儒增》《道虚》《谈天》《说日》是应，举儒书所称者，有鲁般刻鸢；由基中杨；李广射寝石，矢没羽；荆轲以匕首擿秦王，中铜柱入尺；女娲炼石；共工触柱；魼鱳治狱；屈轶指佞；黄帝骑龙；淮南王犬吠天上，鸡鸣云中；日中有三足乌；月中有兔蟾蜍。是诸名籍，道、墨、刑法、阴阳、神仙之伦，旁有杂家所记，列传所录，一谓之儒，明其皆公族。

儒之名盖出于需。需者，云上于天，而儒亦知天文、识旱潦。何以明之？鸟知天将雨者曰鹬，舞旱暵者以为衣冠。鹬冠者，亦曰术氏冠，又曰圜冠。庄周言儒者冠圜冠者知天时，履句屦者知地形，缓佩玦者事至而断，明灵星舞子吁嗟以求雨者谓之儒，故曾晳之狂而志舞雩，原宪之狷而服华冠，皆以忿世为巫，辟易放志于鬼道。古之儒知天文占候，谓其多技，故号遍施于九能，诸有术者，悉晐之矣。

类名为儒，儒者，知礼乐射御书数。《天官》曰儒以道得民，说曰：儒，诸侯保氏，有六艺以教民者。《地官》曰联师儒，说曰：师儒，乡里教以道艺者。此则躬备德行为师，效其材艺为儒。养由基射白猿，应矢而下；尹儒学御三年，受秋驾。《吕氏》曰："皆六艺之人也。明二子皆儒者，儒者则足以为桢干矣。"

私名为儒。《七略》曰："儒家者流，盖出于司徒之官，助人君顺阴阳明教化者也。游文于六经之中，留意于仁义之际，祖述尧、舜，宪章文、武，宗师仲尼，以重其言，于道为最高。"周之衰，保氏失其守，史籀之书，商高之算，蜂门之射，范氏之御，皆不自儒者传。故孔子曰："吾犹及史之阙文也，有马者借人乘之，今亡矣夫。"盖名契乱，执辔调御之术，亦浸不正，自诡鄙事，言君子不多能，为当世名士显人隐讳。及《儒行》称十五儒，《七略》疏《晏子》以下五十二家，皆粗明德行政教之趣而已，未及六艺也。其科于《周官》为师，儒绝而师假摄其名。然自孟子、孙卿，多自拟以天子三公，智效一官，德征一国则劣矣。而末流亦弥以哗世取宠，及郦生、陆贾、平原君之徒，铺歠不廉，德行亦败，乃不如刀笔吏。

是三科者，皆不见五经家。往者商瞿、伏胜、谷梁赤、公羊高、浮丘伯、高堂生诸老，《七略》格之，名不登于儒籍。儒者游文，而五经家专致，五经家骨鲠守节过儒者，其辩智弗如。此其所以为异。自太史公始以儒林题齐、鲁诸生，徒以润色孔氏遗业，又尚习礼乐弦歌之音，乡饮大射，事不违艺，故比而次之。及汉有董仲舒、夏侯始昌、京房、翼奉之流，多推五胜，又占天官风角，与鹖冠同流。草窃三科之间，往往相乱。晚有古文家出，实事求是，征于文不征于献，诸在口说，虽游、夏犹黜之，斯盖史官支流，与儒家益绝矣。

冒之达名，道、墨、名、法、阴阳、小说、诗赋、经方、本草、蓍龟、形法，此皆术士，何遽不言儒。局之类名，蹴鞠弋道近射，历谱近数，调律近乐，犹虎门之儒所事也。今独以传经为儒，以私名则异，以达名类名则偏，要之题号由古今异。儒犹道矣，儒之名于古通为术士，于今专为师氏之守；道之名于古通为德行道艺，于今专为老聃之徒。道家之名，不以题诸方技者，嫌与老氏捆也。传经者复称儒，即与私名之儒淆乱。孔子曰今世命儒亡常，以儒相垢病，谓自师氏之守以外，皆宜去儒名便，非独经师也。以三科悉称儒，名实不足以相检，则儒常相伐，故有理情性陈王道，而不丽保氏，身不跨马，射不穿札，即与驳者，则以砦窳垢之，以多艺匡之，是以类名宰私名也。有审方圆正书名，而不经品庶，不念烝民疾疢，即与驳者，则以他技垢之，以致远匡之，是以私名宰类名也。有综九流廞万物，而不一孔父，不蘉蘉为仁义，即与驳者，则以左道诟之，以尊师匡之，是以私名宰达名也。今令术士艺人闳眇之学，皆弃捐儒名，避师氏贤者路，名喻则争自息。不然，儒家称师，艺人称儒，其余各名其家，泛言曰学者，旁及诗赋，而泛言曰文学，亦可以无相鏖矣。礼乐世变易，射御于今粗粗，无参连白矢交衢和鸾之技，独书数仍世益精博。凡为学者，未有能舍是者也。三科虽殊，要之以书数为本。

《儒行》要旨

"儒"之一字,古人解作"柔"字。草昧之初,残杀以为常。教化渐兴,暴戾之气亦渐祛。所谓"柔"者,驯扰之意也。然周初儒字,未必与此同义。《周礼》"师以贤得民,儒以道得民"。贤者道德之谓,道者学问之谓,固非"柔"字之意。司马相如《大人赋》序"列仙之儒",列仙而可称儒,可见儒为有道术者之通称。利玛窦入中国,人以"西僧"呼之,利曰:"我儒也,非僧也。"此非有道术者得名为儒之证乎?

"儒"之一字,春秋时尚不甚见于称谓,只《论语》有"女为君子儒,毋为小人儒"之语。盖当时九流未兴,不必特别表明。降及七国,九流朋兴,孟子首蒙儒者之名。《庄子·说剑》赵太子请庄周论剑,谓"先生必儒服而见王,事必大逆"。庄周非儒,赵太子称之曰儒。盖古之九流,学术有别,衣服无异。《儒行》孔子见哀公,哀公问:"夫子之服,其儒服与?"孔子对:"丘不知儒服。"以衣服为辨别学术之标准,无意义极矣!此殆孔子不肯承认儒服之故乎?《儒行》所说十五儒,大抵坚苦卓绝，奋厉慷慨。儒专守柔，即生许多弊病。汉张禹、孔光，阉然媚世，均由此故。然此非孔子意也。奇节伟行之提倡，《儒行》一篇，触处皆是。是则有学问而无志节者，亦未得袭取"儒"之名也。

人性本刚，一经教化，便尔驯扰。宗教之作用，即在驯扰人性，以故宗教无不柔者。沙门势利，是佛教之柔；天主、基督教徒，亦带势利，是天主、耶稣之柔。其后之趣于柔固非，其前之主于柔则是。试观南洋婆罗洲人，向无教化，以杀人为当然，男女结婚，聘以人头。人类本性刚暴如此，则不能相养以生，势不得不以教化柔之。然太柔而失其天性，则将并其生存之力而亦失之。以故，国家形成而后，人民不可不保留刚气，以相撑拄。近人病儒者之柔，欲以墨子之道矫之，孙仲容先生首撰《墨子间诂》以为倡，初意欲施之于用，养成风气，补救萎靡。不意后人专注力于经上下、《经说》上下论理学上之研究，致孙氏辈一番救世之心，淹没不彰。然使墨子之说果行，尊天明鬼，使人迷信，充其极，造成宗教上之强国，一如摩哈默德之于天方，则宗教之争，必难幸免。欧洲十字军之祸，行且见之东方。且近人智过往昔，天志压人，未必乐从。以故孙氏辈救世之心，固可敬佩，而揭橥号召，亦未尽善也。窃以为与其提倡墨子，不如提倡《儒行》。《儒行》讲解明白，养成惯习，六国任侠之风，两汉高尚之行，不难见之于今。转弱为强，当可立致。即有流弊，亦不过造成几个为害不甚重大之暴人，较之宗教战争，相去固不可以道里计也。

宋人多反对《儒行》，高闶即其代表。宋人柔退，与《儒行》

本非同道。至于近人，以文字上之关系，斥《儒行》为伪，谓非孔子之言。其理由：鲁昭公讳"宋"，凡"宋"皆代以"商"，《儒行》孔子对哀公："丘少居鲁，长居宋。"孔子不应在哀公前公然言"宋"。殊不知《儒行》一篇，非孔子自著，由于弟子笔录。当时孔子言"宋"言"商"，无蓄音机留以为证，笔记之人，容有出入，安可据以为非？常人读《论语》子路初见孔子，孔子有"君子有勇无义为乱，小人有勇无义为盗"二语，以为孔子不尚武力，以此致疑《儒行》"鸷虫攫搏，不程勇者；引重鼎不程其力"二语。不知卞庄子刺虎，孔子亦称其勇，而弟子澹台灭明曾有斩蛟之举，不过孔子不为而已。《儒行》中复有"其过失可微辨而不可面数也"一语，与"子路人告之以有过则喜"意相反，亦为读者所疑。不知在古人中此等行为，屡有记载。淳于髡讥孟子"在三卿之中，名实未加于上下"。又云"是故，无贤者也，有则髡必识之"。而孟子则对以"贤者之所为，众人固不识也"。以"众人"二字，反唇相讥，可知孟子确系"可微辨而不可面数"者。宋世理学诸公，朱晦庵主张无极而太极，陆象山反之。二人因起争论，彼此信札，有面红耳赤，声色俱厉之概。二人学问之根本，本不在此，为一二枝叶问题，双方即妄加意气，各不相下，更甚于《儒行》之"可微辨而不可面数"矣。降至清代，毛西河、李天生讨论音韵，西河厉声对天生，天生拔刀向之。二人意气，岂不更甚于晦翁、象山乎？盖儒者本有此一类人，孔子并未加以轻视。十五儒中，有其一种，即可尊贵，非谓十五儒个个须与孔子类也。如此，吾人之疑可解，而但举"宋"

字一端，固不足推倒《儒行》矣。

《儒行》十五儒中，亦有以和平为尚者，然不敌坚苦卓绝奋厉慷慨者之多。有一派表面似有可疑，如云"毁方而瓦合"。绅绎其意，几与明哲保身，混俗和光相同。然太史公传季布、栾布，二人性质相近，行义亦同，栾布拼命干去，季布卖身为奴。太史公称季布"摧刚为柔"。"摧刚为柔"，即"毁方瓦合"之意。试观张禹、孔光，终身无刚果之事，至于季布一流，前后皆不屈不挠，不过暂时为权宜之计，有谦柔之表示耳。所谓"毁方瓦合"者，谓此也。

细读《儒行》一篇，坚苦奋厉之行，不外高隐、任侠二种。上不臣天子，下不臣诸侯，当孔子时，即有子臧、季札一流人物。至汉，更有严子陵、梁伯鸾等。汉人多让爵，此高隐一流也。至于任侠，在昔与儒似不相容，太史公《游侠列传》有"儒墨皆摈不载"之语，然《周礼·六行》"孝友睦渊任恤"，"任"即任侠之任，可知任侠本不为儒家所废。太史公传信陵、孟尝，颇有微词；于朱家、郭解，即极口称道。良以凭藉势位，易于为力；民间仗义，难于通行，为可实贵耳。《儒行》"合志同方，营道同术，久不相见，闻流言不信"。此即任侠之本。近世毁誉无常，一入政界，更为混殽。报纸所载，类皆不根之谈，于此轻加信从，小则朋友破裂，大则团体分散。人人敦任侠之行，庶几朋友团体，均可保全。此今日之要务也。又有要者，《儒行》所谓"谗谄之民，有比党而危之者，身可危也，而志不可夺也"。又谓"劫之以众，临之以兵，见死不更其守"。此种守道不阿，强毅不屈之精神，今日亦当提倡。诸君试思！当今之世，情况何似？何者为"谗谄之民"？何方欲"比党危之"？吾人鉴于今日之情况，更觉《儒行》之言为有味矣！

十五儒中，类别綦多。以上所举，不过最切要于今日者耳。高隐一层，非所宜于今日；任侠一层，则与民族存亡，非常相关。虽小团体，非此亦不能存在。不可不三致意也！

试以《论语》相较，《论语》载"子路问成人，子曰：若臧武仲之知，公绰之不欲，卞庄子之勇，冉求之艺，文之以礼乐，亦可以为成人矣"。继而曰："今之成人者何必然？见利思义，见危授命，久要不忘平生之言，亦可以为成人矣。"以今日通行之语言之，所谓成人，即人格完善之意。所谓儒者，亦即人格完善之谓也。"闻流言不信"，非即"久要不忘平生之言"乎？"见死不更其守"，"身可危也而志不可夺也"，非即"见危授命"乎？《论语》《儒行》，本相符合，惟《论语》简约，《儒行》铺张，文字上稍有异趣，然守道之士，乌可以文害辞者？不知宋人何以排斥之也？

东汉人之行为，与《儒行》甚近；宋人去之便远。《后汉书·党锢传》中人物，微嫌标榜太过，不能使吾人俯首；至《独行传》中人，则迨乎远矣！如田子春之居乡，整饬一方，俨然有后世团练之风。曹操征乌桓，迷不得路，赖子春指导，得获大胜。操回，欲以关内侯爵之，子春坚辞不受。此与严子陵不同科，虽不受爵，依然干事，宋人乌能如此！周濂溪、程明道开宋朝一代学风，《儒林》《道学》二传，鲜有奇节伟行之士，一遇危难，亦不能尽力抵抗，较之东汉，相去甚远。大概《儒行》一篇，无高深玄奥之语，其精神汉人均能做到。高隐一流，非所宜于今日，而任侠之风，非提倡不可也。

曩讲《孝经》《大学》，诸君均已听过。鄙意若缺少刚气，即《孝经》《大学》所说，完全做到，犹不足以自立。诸君于此诸书，皆曾读过，窃愿深长思之。

儒家之利病

儒者之称，有广狭二义。以广义言，凡士子皆得称之；以狭义言，如汉儒、宋儒始可谓儒。今姑论狭义之儒。

儒自古称柔，少振作。《汉书·艺文志》云"儒家议论多而成功少"。惟孔子及七十子则不然。春秋以后，儒家分为二宗：一曰孟子；二曰荀子。大氐经学之士多宗荀，理学之士多宗孟。然始儒者能综合之，故兼有修身、齐家、治国、平天下之功。汉儒如贾谊之徒，言词虽涉铺张，然文帝纳之，施之于政，灿然可观。是时儒者，非惟能论政治，善用兵者亦多。段颎、张奂平西羌，度尚平南蛮，卢植平黄巾，植经学、政治、军略，均卓尔不群，即三分鼎足之刘备，亦师事卢植。及后即帝位，犹谆谆教其子读《礼记》，非儒而何？曹操、孙权，皆举孝廉，亦儒之流也。唐之儒亦能综合孟、荀，故如魏征、陆贽辈之相业，彪炳千古。至有宋理学之儒出，尊孟抑荀，于是儒者皆绌于军国大事。窃谓孟子之学，虽抗言王道，然其实郡县之才也。如"五亩之宅，树之以桑。七十者可以衣帛矣"云云，足征其可造成循吏。即孟子得时乘权，亦不过如黄霸、龚遂耳，不如荀之规模扩大。如宋儒服官者，多循吏，而于国家大政则疏，其所由来者渐矣。

昔人言，儒相推葛、陆、范、马。然诸葛治蜀全任综核，法家之流，非儒家也。当推魏征为宜，明之刘健、徐阶，亦堪称之。余定古今儒相为魏、陆、范、马、刘、徐六人。若姚崇、宋璟亦法家也，李泌则道家也。李德裕、杨一清、张居正则善用权谋者也。

后世之儒，少有论兵者。于王阳明之武功，亦非群儒所喜，盖孟子之不论兵有以致之。若荀子则有《议兵》篇在。《荀子·议兵》篇论古兵制曰："齐之技击，不可以遇魏氏之武卒；魏氏之武卒，不可以遇秦之锐士；秦之锐士，不可以当桓文之节制；桓文之节制，不可以敌汤武之仁义，有遇之者，若以焦熬投石焉。"

骄吝，亦儒者之深病。子曰："如有周公之才之美，使骄且吝，其余不足观也已。"而宋儒率多自尊大，其悭吝亦深。林栗远道求学于朱子，朱子待之以脱粟饭，致林栗怀恨去，然此非徒理学诸公有之。英雄如曹操，良相如司马温公，亦不免有吝字。操临终时，尚恋其裘服，最为可笑。温公遇某生欲纳妾，贷钱二千缗，以公长函责之。如清末所称之曾国藩，政治不足述，军事有足纪，其战胜之关键，在熟读《方舆纪要》，知地理，明形势，以扼敌于死地，然亦辞不得吝字。闻李鸿章为其幕僚，月得薪水十二两。又观其家书，嘱其夫人日纺纱四两，何异臧文仲之妾织蒲，张安世家僮七百各有手技？公仪休为相，拔园葵，去织妇，以不欲与民争利也，而后世乃以此为美，亦异乎吾所闻矣。大氐儒之吝者，皆杂有墨家之风。荀子曰"墨子汲汲为天下忧不足"。惟孟、荀时，儒颇阔大，多不吝啬，以后之儒，则似不然。范文正、顾亭林则出泥不染，可法也。

理学至宋之永嘉派陈止斋、叶水心，专述制度，较余派为有实用，亦尚不免迂阔。如慕唐府兵，而以为不须縻饷。此盖信三时务农、一时讲武之说。然欲兵之选练，征兵亦须在行伍，岂得三时务农乎？至清颜习斋、李恕谷之学，重礼、乐、射、御、书、数，而射、御尤重，可谓扼要。其说之夸大者，则谓一人可兼水、火、工、虞。若陆桴亭之学，亦甚切实，惟误信致知格物之说，《思辨录》中喜论天文，其于兵法信八阵图、戚继光鸳鸯阵，亦不免于迂也。

孔子之门甚广大，非皆儒也，故云"夫子之门，何其杂也"？子贡纵横家，子路任侠之士而又兼兵家。然儒家之有权谋者，亦仍本乎道家。即前所指六相中，除魏、马、刘外，陆、范、徐皆善用权谋。即尚论周公，岂非儒家之首？然其用太公主兵，足征亦任权谋矣。太公，道家也。然其所使权谋，皆露而不隐，范蠡、陈平即其流亚。反不如管仲处处守正，深沉不露，若老子则尤微妙不可测矣。如范蠡在孔子之门，亦未必见摈也。至孟、荀皆不尚权谋，其反间燕世子事，如邯郸效颦，卒致于败。故知任天下之重者，权谋本非所禁，然亦非迂儒之所可效也。

订孔

上

日本有远藤隆吉者，自以为习汉事，其言曰：孔子出于支那，则支那之祸本也。夫差第《韶》《武》，制为邦者四代，非一意循旧也，以其卓跞过人，后生自以瞻望弗及，重神其言，革一义若有刑戮，则一意循旧自此始。故更八十世而无进取者，咎亡于孔氏。祸本成，其胙尽矣。

章炳麟曰：一意循旧者，汉世博士有之，魏、晋以后亡是也。追惟仲尼闻望之隆，则在六籍。六籍者，道、墨所周闻。故墨子称《诗》《书》《春秋》多太史中秘书。而老聃为守臧史，得其本株。异时倚相、苌叔诸公，不降志于删定六艺。墨翟虽博闻，务在神道，珍秘而弗肯宣。继志述事，缵老之绩，而布彰六籍，令人人知前世废兴，中夏所以创业垂统者，孔氏也。遭焚散复出，则关轴自持于孔氏。诸子却走，职矣。且古者世禄，子就父学，为畴官。后世虽已变更，九流犹称家。孟轲言法家拂士，荀卿称家言邪学，百家无所窜，小家珍说之所愿皆衰，其遗迹也。宦于大夫，谓之"宦御事师"。言仕者又与学同，明不仕则无所受书。周官宾兴万民，以礼、乐、射、御、书、数，六籍不与焉。尚犹局于乡遂。主畿方百万里，被教者六分一耳。及管子制五官技，能为《诗》《易》《春秋》者，予之一马之田，一金之衣。甿庶之识故事者，若此其寡也。管子虽厉学，不遍九服，又令细民以是干小禄、致末秩。其学蕞陋，长见笑于大方之家。自老聃写书征藏，以诒孔氏，然后竹帛下庶人。六籍既定，诸书复稍出金匮石室间。民以昭苏，不为徒役。九流自此作，世卿自此堕，朝命不擅威于肉食，国史不聚歼于故府。故直诸夏覆亡，虽无与立，而必有与毙也。不曰"贤于尧舜"，岂可得哉？

夫神化之道，与时宜之，故五帝不同礼，三王不沿乐。布六籍者，要以识前事，非谓旧章可永循也。汉初古文既不远布，而仲尼名实已高岩矣。诸儒睹秦余敝法，欲有更易，持之未有其故，由是破碎六籍，定以己意，参之天官、历象、五行、神仙诸家，一切假名孔氏，以为魁柄，则六籍为巫书。哀、平之间，《周官》《左氏》始兴，神道渐禠。更二百年，而得黄初。后王所以更制者，未尝不随时经变，何乃无进取哉！且旧章诚不可与永守，政不骤革，斟酌向今，未有不借资于史。先汉之史，则谁乎？其惟姬周旧典，见于六籍者。故虽言通经致用，未害也。迁、固承流，而继事者相次十有余家。

法契之变，善败之数，则多矣。犹言通经致用，则不与知六籍本意。

　　章炳麟曰：仲尼，良史也。辅以丘明，而次《春秋》，料比百家，若旋机玉斗矣。谈、迁嗣之，后有《七略》。孔子殁，名实足以抗者，汉之刘歆。

下

　　往时定儒家，莫若孟、荀。私以《论语》晻昧，《三朝记》与诸告饬，总纰经记，辞义映如也。下比孟轲，博习故事则贤，而辩察少歉矣。荀卿以积伪俟化治身，以隆礼县群众。道不过三代，以绝殊瑰；法不贰后王，以綦文理。始终以礼穿敩，故科条皆湜然无自戾者。其正名也，与墨子相扶持。有所言缘，先于西来桑门之书。由斯道也，虽百里而民献比肩可也。其视孔子，长幼断可识矣。夫孟、荀道术，皆踊绝孔氏，惟才美弗能与等比，故终身无鲁相之政，三千之化。才与道术本异出，而流俗多视是崇堕之。故仲尼名独尊，其道术固未逮也。怀是者十余年，中间颇论九流旧闻。上观庄生，为《齐物论释》。又以闲暇，质定老聃、韩非、惠施诸书。方事改革，负缧东海，独抱持《春秋》，窥识前圣作史本意，卒未知其道术崇庳也。

　　以炎、黄、喾、尧之灵，幸而时济，光复旧物。间气相揖，逼

订孔

于舆台,去食七日,不起于床,欷然叹曰:余其未知羑里、匡人之事!夫不学《春秋》,则不能解弊发,削左衽。不学《易》,则终身不能无大过,而悔吝随之。始玩爻象,重籀《论语》诸书,霁然若有瘳者。圣人之道,罩笼群有,不亟以辩智为贤。上观《周易》,物类相召,势数相生,足以彰往察来。审度圣人之所忧患,与其卦序所次时物变迁,上考皇世而不缪,百世以俟后王群盗而不惑。洋洋美德乎!诚非孟、荀之所逮闻也。诸所陈说,列于《论语》者,时地异制,人物异训,不以一型锢铸,所谓大道固似不肖也。

人亦有言:西极之圣,守其一术,强聒而不舍,娄遇而不异辞,大秦三哲以之;东极之圣,退臧于密,外虞机以制辞言,从其品物,因变流形,浮屠、老聃、仲尼、庄周以之。虞机虽审,权议虽变,岂直无本要哉?道在一贯。持其枢者,忠恕也。躬行莫先,而方迻以为学,则守文者所不省已。心能推度曰恕,周以察物曰忠。故夫闻一以知十,举一隅而以三隅反者,恕之事也。夫彼是之辩,正处正色正味之位,其侯度诚未可壹也。守恕者善比类,诚令比类可以遍知者,是絜矩可以审方圆。物情之纷,非若方圆可以量度也。故用矩者困,而务比类者疑。周以察物,举其征符而辨其骨理者,忠之事也。故疏通知远者恕,文理密察者忠。身观焉忠也,方不障恕也。上者寂然不动,感而遂通天下之故,无有远近幽深,遂知来物。中之方人,用法察迩言也。下者至于原本山川,极命草木,合契比律,审曲面势,莫不依是。以知忠恕于学,犹鸟有两翮,而车之左右轮。学不兼是,菩沛将蔽之,日中而主爝,水沫为谪也,而况于躬行乎?

荀卿盖云："万物莫形而不见，莫见而不论，莫论而失位。"此谓用忠者矣。"坐于室而见四海，处于今而论久远，疏观万物而知其情，参稽治乱而通其度，经纬天地而材官万物，制割大理而宇宙里。"此谓用恕者矣。夫墨子者，辩以经说，主以天志，行以兼爱、尚同。天志、尚同之末，以众暴寡惟尽恕，远忠也。荀卿虽解蔽，观其约束，举无以异于墨氏。

体忠恕者，独有庄周。《齐物》之篇，恢恑谲怪，道通为一。三子之乐蓬艾，虽唐尧不得更焉。兹盖老聃之所流传，儒道所以不相舛牾，夫何晻昧矣哉？《三朝记》小辨，亦言忠恕。其余华泽也。

在孔子诞辰纪念会上的演说

今日为纪念孔子诞辰，开此大会，且先之以祭祀。在孔子固不在此一祭，而在国人心理中则不得不纪念之。从前圣朝列入中祀，清末始升为大祀，民国初元犹然。祭孔与祭祀鬼神不同，大家须知我辈祭孔系纪念至圣先师，与宗教家心目中之鬼神迥不相牟也。尊重孔子是应当的，若认为宗教之教主则大误矣。孔子所应尊重者在何几点？从前天坛宪法以孔子之道为修身之大本，说亦近是。实则犹不止于此。自生民以来，未有甚于孔子，虽关于人事者较少，无意、无必、无固、无我，所谓子绝四者，佛教独然。现为救世计，亦不必讲太高远之道，最平易成近之道，是为人伦，为儒，孔子云"行己有耻，使于四方，不辱君命，可以为士矣"。又云"见利思义，见危授命，久要不忘平生之言，亦可以为成人矣"。人苟能做到此八句，人心世道之坏，决不至如今日之甚。从春秋到今日，二千四百年，一切环境，当然迭有变迁，具体的政治，《论语》不讲，

《论语》单讲抽象的政治,道德齐礼,古今无异。宋赵普之半部《论语》治天下,半部《论语》治太平,果然欺人之语,然彼何不说半部《周礼》乎?《周礼》具体的,《论语》抽象的,故后者可行,而前者不可行也。

复次,中国立国根本在民族主义,三民主义中亦讲及之。孔子称赞管仲而曰"微管仲吾其披发左衽矣"。内中国外夷狄,后人以为《春秋》之大义。孔子之自议者为夷狄之有君,不如诸夏之无也。盖言夷狄虽有君,犹不如诸夏之无君。朱子反之,遂成倒语。皇侃《论语新疏》,中国以前久成佚书,后从日本得来,清修四库,觉对于此节引申阐发处,颇触忌讳,遂讳其原文,原增鲍氏刻知不足斋丛书,亦讳其语。而东洋书庄中则抄本、刻本均与中国本相反,晋孙绰《文选》中天台山赋之著作者有语云,诸夏有时无君,道不荆棘,夷狄强者为主,形同禽兽,即本此邢昺疏,尚存在其意义亦然也,此最痛切语。要之,从孔子以来二千余年,中国人人受外国欺侮,不知凡几。自汉以来,迭受外人欺侮,无有不能恢复者,晋受五胡逼至江南而尚不与之通款,南宋则甚至称臣称侄,元则不必论矣。然韩林儿辈并不读书,尚能恢复一部分故业,无他,孔子学说深中于人心耳。明末满人攘我神州近三百年,我人今日独能恢复我固有之国土,盖亦以儒者提倡民族主义已深入人心,故满夷一推倒,即能还我中原耳。今日国难当前,尊重孔子犹为当务之急。纪念孔子,必须以自己身体当孔子看,又须将中华民族当孔子看。如此纪念,方得纪念之道也。

原道

上

　　孔父受业于征藏史，韩非传其书，儒家、道家、法家异也，有其同；庄周述儒、墨、名、法之变，已与老聃分流，尽道家也，有其异。是樊然者，我乃知之矣。老聃据人事嬗变，议不逾方。庄周者，旁罗死生之变、神明之运，是以钜细有校。儒法者流，削小老氏以为省，终之其殊在量，非在质也。然自伊尹、太公有拨乱之材，未尝不以道家言为急，迹其行事，以间谍欺诈取人，异于儒、法，今可见者犹在《逸周书》。故周公诋齐国之政；而仲尼不称伊、吕，管子者祖述太公，谓之小器，有由也。

　　老聃为周征藏史，多识故事，约《金版》《六弢》之旨，著五千言以极其情，则伊、吕亡所用。亡所用故归于朴，若墨翟守城矣，巧过于公输般，故能坏其攻具矣。谈者多以老聃为任权数，其流为范蠡、张良。今以庄周《胠箧》《马蹄》相角，深黜圣知；为其助大盗，岂遽与老聃异哉？老聃所以言术，将以撢前王之隐匿，取之玉版，布之短书，使人人户知其术则术败。会前世简毕重滞，力不行远，故二三奸人得因自利。及今世有赫蹄雕镂之技，其书遍行，虽权数亦几无施矣。老聃称"古之善为道者，非以明民，将以愚之"，"民之难治，以其智多"。愚之何道哉？以其明之，所以愚之。今是驵侩则欺罔人，然不敢欺罔其类，交知其术也，故耿介甚。以是知去民之诈，在使民户知诈，故曰"以智治国国之贼，不以智治国国之福。"知此二者亦稽式。何谓稽式？谓人有发奸擿伏之具矣。粤无镈，燕无函，秦无卢，胡无弓车，夫人而能之，则工巧废矣。常知稽式，是谓玄德。玄德深远，而与物反。伊尹、太公、管仲虽知道，其道盗也。得盗之情，以网捕者，莫若老聃，故老聃反于王伯之辅，同于庄周，嬗及儒家，痟矣！若其开物成务，以前民用，玄家弗能知，儒者扬雄之徒亦莫识也。知此者韩非最贤。非之言曰："先物行先理动之谓前识，前识者，无缘而妄意度也。""以詹何之察，苦心伤神，而后与五尺之愚童子同功，故曰：'前识者'道之华也，而愚之首也。"夫不事前识，则卜筮废，图谶断，建除、堪舆、相人之道黜矣。巫守既绝，智术穿凿，亦因以废，其事尽于征表。此为道艺之根，政令之原。是故私智不效则问人，问人不效则求图书，图书不效则以身按验。故曰绝圣弃智者，事有未来，物有未睹，不以小慧隐度也。绝学无忧者，方策足以识梗概，古今异方国异、详略异,则方策不独任也。不上贤使民不争者,以事观功,将率必出于介胄,宰相必起于州部,不贵豪杰,不以流誉用人也。

名其为简,繁则如牛毛。夫繁故足以为简矣,剧故足以为整暇矣。庄周因之以号《齐物》。齐物者,吹万不同,使其自己。官天下者以是为北斗招摇,不慕往古,不师异域,清问下民,以制其中,故相地以衰征、因俗以定契自此始。韩非又重申束之曰:"凡物之有形者,易裁割也。何以论之?有形则有短长,有短长则有小大,有小大则有方圆,有方圆则有坚脆,有坚脆则有轻重,有轻重则有黑白。短长、小大、方圆、坚脆、轻重、黑白之谓理,理定而物易割,故议于大庭而后言则立,权议之士知之矣。故欲成方圆而随其规矩,则万物之功形矣。万物莫不有规矩,议言之士,计会规矩也。圣人尽随于万物之规矩,故曰:'不敢为天下先。'"推此以观,其用至孅悉也。

玄家或佚荡为简,犹高山之与深渊、黑漆之与白垩也。玄家之为老,息废事服,吟啸以忘治乱。韩非论之曰:"随时以举事,因资而立功,用万物之能而获利其上,故曰:'不为而成。'"明不为在于任官,非旷务也。又曰:"法令滋章,盗贼多有。"玄家以为老聃无所事法,韩非论之曰:"一人之作,日亡半日,十日亡五人功;万人之作,日亡半日,十日亡五万人功矣。然则数变业者,其人弥众,其亏弥大。"明官府征令不可亟易,非废法也。综是数者,其要在废私智、绝县妠,不身质疑事,而因众以参伍,非出史官周于国闻者,谁与领此!然故去古之宥,成今之别,其名当,其辞辩，小家珍说无所容其迂，诸以伪抵谰者无所阅其奸欺。老聃之言，则可以保傅人天矣。大匠不斫，大庖不豆，故《春秋》宝书之文，任之孔、左。断神事而公孟言无鬼，尚裁制而公孙论坚白，贵期验而王充作《论衡》，明齐物而儒、名、法不道天志。

老子之道任于汉文，而太史公《儒林列传》言孝文帝本好刑名之言，是老氏固与名法相倚也。然孝文假借便佞，令邓通铸钱布天下，既悖刑名之术；信任爰盎，淮南之狱，不自责躬，而迁怒县传不发封者，枉杀不辜，庚法已甚，岂老氏所以苞政哉！若其责岁计于平、勃；听处当于释之；贾生虽贤，非历试则不任以卿相；亚夫虽杰，非劳军则不属以吴楚，斯中老氏之绳尺矣。盖公、汲黯以清净不扰为治，特其一端。世人云汉治本于黄老，然未足尽什一也。诸葛治蜀，庶有冥符。夫其开诚心，布公道，尽忠益时者虽仇必赏，犯法怠慢者虽亲必罚，服罪输情者虽重必释，游辞巧饰者虽轻必戮，庶事精练，物理其本，循名责实，虚伪不齿，声教遗言，经事综物，文采不艳，而过于丁宁周至，公诚之心，形于文墨，老氏所经，盖尽于此。汉世学者数言救僿以忠，终其所尚，乃在正朔、服色、徽识之间，不悟礼为忠信之薄。外炫仪容，适与忠反，不有诸葛，谁知其所底哉？杜预为黜陟课，云：使名不越功而独美，功不后名而独隐。亦有不上贤遗意。韩延寿治郡，谢安柄国，并得老氏绪言。而延寿以奢僭致戮，谢安不综名实，皆非其至。其在下者，谈、迁父子其著也。道家出于史官，故史官亦贵道家。然太史持论，过在上贤，不察功实。李广数败而见称，晁错立效而被黜，多与道家背驰。要其贵忠任质则是也。黄生以汤、武弑君,此不明庄子意者。七国齐晋之主,多由强臣盗位,故庄生言之则为抗;汉世天位已定,君能恣行,故黄生言之则为诡。要与伊、吕殊旨,则犹老氏意也。杨王孙之流,徒有一节,未足多尚。晋世嵇康愤世之流,近于庄氏;李充亦称老子,而好刑名之学,深抑虚浮之士;阮裕谓人不须广学,应以礼让为先,皆往往得其微旨。葛洪虽抵拒老庄,然持论必与前识上贤相反,故其言曰:"叔向之母,申氏之子,非不一得,然不能常也。陶唐稽古而失任,姬公钦明而谬授,尼父远得崇替于未兆,近失澹台于形骸,延州审清浊于千载之外,而蔽奇士于咫尺之内,知人之难,如此其甚。郭泰所论,皆为此人过上圣乎?但其所得者显而易识,其失者人不能纪。"是亦可谓崇实者矣。

若夫扇虚言以流闻望,借玄辞以文膏粱,适与老子尚朴之义相戾。然则晋之乱端,远起汉末,林宗、子将,实惟国蠹,祸始于前王,而衅彰于叔季。若厉上贤之戒,知前识之非,浮民夸士,何由至哉!《中论·考伪》篇曰:今之为名者,巧人之雄,伪夫之杰,"然中才之徒,咸拜手而赞之,扬声以和之,被死而后论其遗烈,被害而犹恨己不逮"。《谴交》篇曰:世之衰也,"取士不由于乡党,考行不本于伐阅,多助者为贤才,寡助者为不肖,序爵听无证之论,班禄采方国之谣。民见其如此者,知富贵可以从众为也,知名誉可以虚哗获也,乃离其父兄,去其邑里,不修道义,不治德行,讲偶时之说,结比周之党,汲汲皇皇,无日以处,更相叹扬,迭为表里,祷杌生华,憔悴布衣,以欺人主、惑宰相、窃选举、盗荣宠者,不可胜数。桓灵之世,其甚者也。自公卿大夫,州牧郡守,王事不恤,宾客为务,冠盖填门,儒服塞道,饥不暇餐,倦不获已。殷殷沄沄,俾夜作昼,下及小司,列城墨绶,莫不相商以得人,自矜以下士。星言夙驾,送往迎来,亭传常满,吏卒传问,炬火夜行,阍寺不闭,把臂揿腕,扣矢矢誓,推托恩好,不较轻重,文书委于官曹,系囚积于囹圄,而不皇省也。详察其为,非欲忧国恤民、谋道讲德也,徒营己治私、求执逐利而已。有策名于朝而称门生于富贵之家者,比屋有之。为之师而无以教,弟子亦不受业。或奉货行赂,以自固结,求志属托,规图仕进,然揿目指掌,高谈大语,若此之类,言之独可羞,而行之者不知耻。"是则林宗、子将之伦,所务可知。儒士为之,诚不足异;而魏氏中世道家猝起,不矫其失,弥益增华。庄生所云上诚好知,使民接迹诸侯之境,结轨千里之外,矫言伪行以求富贵者,窅乎如不闻也。王粹尝图庄周于室,欲令嵇含为赞。含援笔为吊文曰:"帝婿王弘远,华池丰屋,广延贤彦,图庄生垂纶之象,记先达辞聘之事,画真人于刻桷之室,载退士于进趣之堂,可谓托非其所,可吊不可赞也。"斯足以扬榷诚伪、平章白黑矣!

中

老聃不尚贤,墨家以尚贤为极,何其言之反也?循名异,审分同矣。老之言贤者,谓名誉、谈说、才气也;墨之言贤者,谓材力、技能、功伐也。不尚名誉,故无朋党;不尊谈说,故无游士;不贵才气，故无骤官，然则材力、技能、功伐举矣。

墨者曰："以德就列，以官服事，以劳殿赏。"世之言贤，侈大而不可斠试。朝市之地，菽井之间，扬徽题褚，以衔其名氏，选者尚曰任众。众之所与，不由质情，徒一二人眩之也。会在战国，奸人又因缘外交，自暴其声，以舆马瑞节之间，而得淫名者众。既不校练，功楷未可知；就有桢材，其能又不与官适。夫茹黄之骏，而不可以负重；橐佗之强，而不可以从猎。不检其材，猥以贤遍授之官，违分职之道，则管仲、乐毅交困。是故古之能官人者，不由令名。问其师学，试之以其事，事就则有劳，不就则无劳，举措之分以此。故韩非曰："视锻锡而察青黄，区冶不能以必剑；水击鹄雁，陆断驹马，则臧获不疑钝利。发齿吻形容，伯乐不能以必马；授车就驾而观其末涂，则臧获不疑驽良。观容服、听辞言，仲尼不能以必士；试之官职，课其功伐，则庸人不疑于愚智。"此夫所谓不尚贤者也。尚贤者非舍功实而用人，不尚贤者非投钩而用人，其所谓贤不同，故其名异。不征其所谓而征其名，犹以鼠为璞矣。慎子蔽于执，故曰夫块不失道，无用贤圣；汲黯蔽于世卿，故愤用人如积薪，使后来者居上。诚若二子言，则是名宗大族世为政也。夫老聃曰："三十辐共一毂，当其无，有车之用；挺埴以为器，当其无，有器之用；凿户牖以为室，当其无，有室之用。故有之以为利，无之以为用。"今处中者已无能矣，其左右又益罢，是重尪也。重尪者安赖有君吏？明其所以任使者，皆股肱毕强，技术辐凑，明刑辟而治官职者也。则此言不尚贤者，非慎、汲之所守也。

君之不能，势所踧矣。何者？辩自己成、艺自己出、器自己造之谓能，待辈群而成者非能。往古黔首僻陋侗愚，小慧之士得前民造作，是故庖牺作结绳，神农尝百药，黄帝制衣裳，少康为秫酒，皆以其能登用为长。后世官器既备，凡学道立方者，必有微妙之辩，巧鉤之技，非绝人事苦心焦形以就则不至。人君者，在黄屋羽葆之中，有料民听事之劳矣，心不两役，欲与畴人百工比巧犹不得，况其至展察者！君之能尽乎南面之术矣。其道简易，不名一器，下不比于瓦缶，上又不足当玉卮。又其成事，皆待众人，故虽斥地万里，破敌钜亿，分之即一人斩一级矣；大施钩梯，凿山通道，分之即一人治一坡矣。其事至微浅，而筹策者犹在将吏。故夫处大官载神器者，侊人之功，则剽劫之类也。

　　己无半技，则奄尹之伦也。然不竟废黜者，非谓天命所属与其祖宗之功足以垂远也，老子固曰无之以为用。君人者既不觉悟，以是自庶侈，谓名实皆在己，为民主者又弥自喜，是故《齐物》之论作，而达尊之位成。一国之中，有力不辩官府，而俗以之功、民以之慧、国以之华者，其行高世，其学钜子，其艺大匠，其辞瑰称。有其一者，权藉虽薄也，其尊当比人主而已矣。凡学术分科至博，而治官者多出于习政令。汉尝黜九流，独任吏，次即贤良文学。贤良文学既褊陋，而吏识王度、通故事，又有八体之技，能窥古始，自优于贤良文学也。今即习政令最易，其他皆刳心。习易者擅其威，习难者承流以仰咳睡。不平，是故名家有去尊，凡在官者名曰仆役，仆役则服囚徒之服，当其在官，不与齐民齿。

下

　　人君者，剽劫之类，奄尹之伦。老聃明君术，是同于剽劫奄尹也。曰：异是。道者，内以尊生，外以极人事，筴析之以尽学术，非独君守矣。故韩非曰："道者，万物之所然，万理之所稽也。理者，成物之文。道者，万物之所以成。物有理不可以相薄，而道尽稽万物之理，故不得不化。不得不化，故无常操。无常操，是以死生气禀焉，万智斟酌焉，万事废兴焉。天得之以高，地得之以臧，维斗得之以成其威，日月得之以恒其光，五常得之以常其位，列星得之以端其行，四时得之以御其变气，轩辕得之以擅四方，赤松得之与天地统，圣人得之以成文章。道与尧舜俱智，与接舆俱狂，与桀纣俱灭，与汤武俱昌。譬诸饮水，溺者多饮之即死，渴者适饮之即生；譬若剑戟，愚人以行忿则祸生，圣人以诛暴则福成。故得之以死，得之以生，得之以败，得之以成。"此其言道，犹浮屠之言"如"邪？有差别此谓理，无差别此谓道。死生成败皆道也，虽得之犹无所得，《齐物》之论由此作矣。韩非虽解老，然他篇娓娓以临政为齐，反于政必黜，故有《六反》之训，《五蠹》之诟。夫曰："斩敌者受赏，而高慈惠之行；拨城者受爵禄，而信廉爱之说；坚甲厉兵以备难，而美荐绅之饰；富国以农，距敌恃卒，而贵文学之士；废敬上畏法之民，而养游侠私剑之属，举行如此，治强不可得也。"

然不悟政之所行与俗之所贵，道固相乏，所赏者当在彼，所贵者当在此。今无慈惠廉爱，则民为虎狼也；无文学，则士为牛马也。有虎狼之民、牛马之士，国虽治，政虽理，其民不人。世之有人也，固先于国，且建国以为人乎？将人者为国之虚名役也？韩非有见于国，无见于人；有见于群，无见于孑。政之弊以众暴寡，诛岩穴之士；法之弊以愚割智，无书简之文。以法为教，无先王之语，以吏为师。今是有形之类，大必起于小；行久之物，族必起于少。韩非之所知也。众所不类，其终足以立烝民，蓬艾之间，有陶铸尧舜者，故众暴寡非也。其有回遹乱常、与众不适者，法令所不能治，治之益甚，民以情伪相攻即自败。故老子曰："常有司杀者杀，夫代司杀者杀，是谓代大匠斫。"韩非虽贤，犹不悟。且韩非言大体，固曰不引绳之外，不推绳之内，不急法之外，不缓法之内矣。明行法不足具得奸邪，贞廉之行可贱邪？不逆天理，不伤情性，人之求智慧辩察者，情性也，文学之业可绝邪？荣辱之责，在于己不在于人，匹夫之行可抑邪？

庄周明老聃意，而和之以齐物，推万类之异情，以为无正味正色，以其相伐，使并行而不害，其道在分异政俗，无令干位，故曰得其环中，以应无穷者，各适其欲以流解说，各修其行以为工宰，各致其心以效微妙而已矣。政之所具不过经令，法之所禁不过奸害，能说诸心，能研诸虑，以成天下之亹亹者，非政之所与也。采药以为食，凿山以为宫，身无室家农圃之役、升斗之税，不上于王府，虽不臣天子，不耦群众，非法之所禁，版法格令，不得剟一字也。

原道

操奇说者能非之，不以非之刜其法，不以尊法罪其非，君臣上下，六亲之际，雅俗所守，治眇论者所驳也，守之者不为变，驳之者无所刑。国有群职，王公以出治，师以式民，儒以通古今会文理，百工以审曲面执立均出度，其权异，其尊不异。地有九州，赋不齐上下，音不齐清浊，用不齐器械，居不齐宫室，其枢同，其取予不同，皆无使相干也。夫是之谓大清明，夫是之谓天下之至柔，驰骋天下之至坚。法家者，削小老氏以为省，能令其国称娖，而不能与之为人。党得庄生绪言以自饬省，赏罚不厌一，好恶不厌岐，一者以为群众，岐者以优匹士，因道全法，则君子乐而大奸止。

其后独王弼能推庄生意，为《易略例》，明一以彖曰："自统而寻之，物虽众，则知可以执一御也；由本以观之，义虽博，则知可以一名举也。处旋机以观大运，则天地之动，未足怪也；据会要以观方来，则六合辐凑，未足多也。故举卦之名，义有主矣；观其象辞，则思过半矣。夫古今虽殊，军国异容，中之为用，故未可远也。品制万变，宗主存焉。"明岐以爻曰："情伪之动，非数之所求也。故合散屈伸，与体相乖。形躁好静，质柔爱刚，体与情反，质与愿违。巧历不能定其算数，圣明不能为之典要，法制所不能齐，度量所不能均也。召云者龙，命吕者律，二女相违，而刚柔合体。隆墀永叹，远壑必盈。投戈散地，则六亲不能相保；同舟而济，则胡越何患乎异心。故苟识其情，不忧乖违；苟明其趣，不烦强武。"推而极之，大象准诸此，宁独人事之云云哉！道若无岐，宇宙至今如抟炭，大地至今如孰乳已！

原墨

周末文敝，百家皆欲变周之文，从夏之忠，自墨子初言法禹悦也。彼汉世五经家，不法其意，而法其度，牵三正往复，沾沾损益于丧祭、车服、官曹名号之间，日崇其彫。忠者固为是邪？墨子者，善法意。尊天敬鬼，失犹同汉儒。其戾于王度者，非乐为大。彼苦身劳形以忧天下，以若自毃，终以自堕者，亦非乐为大。何者？喜怒生杀之气，作之者声也。故湢然击鼓，士忾怒矣。铨然撞錞于，继以吹箫，而人人知惨悼。儒者之颂舞，熊经猿攫，以廉制其筋骨，使行不恣步，战不恣伐，惟以乐倡之，故人乐习也。无乐则无舞，无舞则荣弱多疾疫，不能处憔悴。将使苦身劳形以忧天下，是何异于腾驾蹇驴，而责其登大行之阪矣！嗟乎！钜子之传，至秦汉间而斩。非其道之不逮申、韩、商、慎，惟不自为计，故距之百年而堕。

夫文始五行之舞，遭秦未灭。今五经粗可见，《乐》书独亡，其亦昉于六国之季，墨者昌言号呼以非乐，虽儒者亦鲜诵习焉。故灰烬之余，虽有窦公、制氏，而不能记其尺札也。呜呼！佚、翟之祸，至自弊以弊人，斯亦酷矣。诋其"兼爱"而谓之"无父"，则末流之呓言，有以取讥于君子，顾非其本也。张载之言曰："凡天下疲癃残疾鳏寡茕独，皆吾兄弟之颠连而无告者。"或曰：其理一，其分殊。庸渠知墨氏兼爱之旨，将不一理而殊分乎？夫墨家宗祀严父，以孝视天下，孰曰无父？至于陵谷之葬，三月之服，制始于禹。禹之世，奔命世也。墨翟亦奔命世也。伯禽三年而报政，曰革其故俗，丧三年乃除。太公反之，五月而报政。然则短丧之制，前倡于禹，后继踵于尚父。惟晏婴镌之，庐杖衰麻，皆过其职。墨子以短丧法禹，于晏婴则师其蠟嚚，而不能师其居丧，斯已左矣。且夫兼爱者，人主之道，非士民所当务也。而夏固不能兼爱。诚能兼爱，夏启不当私其奸子。

向作《原墨》，逾数年，得长沙曹耀湘《墨子笺》，其说曰："古者士大夫居丧，皆有其实，而不徒务其文。虽魏晋之间，风尚旷达，而凡纵情越礼者，犹见讥于时。墨子之为丧也，近以三日，久以三月，为时极少。而观其书中《节用》《非乐》诸篇所陈，则墨家平日所以自奉养其耳目口体者，盖无以甚殊于居丧之时，虽以三月为期，谓之终身之忧可也。今士大夫为丧，徒有其文，而无其实。妾御未尝偶离于室，膏粱未尝暂辍于口，衣冠之色稍异，而轻暖未尝有变，则墨子所讥久丧，今日为已陈刍狗，不足置辩矣！"其说最为通达。因念夏、殷之世，丧期短促，皆以服食起居未致其美耳。周世文物大盛，故丧期必限以三年。短丧之法，亦惟墨家食粝羹藿、服屦衣褐者，可以行之，非他人所得借口。

原名

　　《七略》记名家者流出于礼官。古者名位不同，礼亦异数。孙卿为《正名》篇，道后王之成名，"刑名从商，爵名从周，文名从礼，散名之加于万物者，则从诸夏之成俗曲期"。即礼官所守者，名之一端，所谓爵名也。庄周曰《春秋》以道名分，盖颇有刑爵文，其散名犹不辩，五石六鹢之尽其辞，已榷略矣。且古之名家考伐阅，程爵位，至于尹文，作为华山之冠，表上下平，而惠施之学去尊，此犹老庄之为道，与伊尹、太公相塞。诚守若言，则名号替，徽识绝，朝仪不作，绵莼不布。民所以察书契者，独有万物之散名而已。曲学以徇世，欲王齐王以寿黔首之命，免民之死，是施自方其命，岂不悖哉！自吕氏患刑名异充，声实异谓，既以若术别贤不肖矣；其次刘劭次《人物志》、姚信述《士纬》、魏文帝著《士操》、卢毓论《九州人士》，皆本文王官人之术，又几反于爵名。

然自州建中正，而世谓之奸府，浸以见薄。刑名有邓析传之，李悝以作具律，杜预又革为《晋名例》，其言曰：法者，盖绳墨之断例，非穷理尽性之书也，故文约而例直，听直而禁简。例直易见，禁简难犯。易见则人知所避，难犯则几于刑厝。厝刑之本，在于简直，故必审名分。审名分者，必忍小理。古之刑书，铭之钟鼎，铸之金石，所以远塞异端，使无淫巧。今所注皆网罗法意，格之以名分，使用之者执名例以审趣舍，伸绳墨之直，去析薪之理。其条六百二十，其字二万七千六百五十七，而可以左右百姓，下民称便。惟其审刑名，尽而不污，过爵名远矣，然皆名之一隅，不为纲纪。老子曰："名可名，非常名。"名者，庄周以为化声。孙卿亦云名无固宜，故无常也，然约定俗成则不易，可以期命。万物者，惟散名为要，其他乃与法制推移。自惠施、公孙龙，名家之杰，务在求胜，其言不能无放纷，尹文尤短。察之儒墨，墨有《经》上下，儒有孙卿《正名》，皆不为造次辩论，务穷其柢。鲁胜有言，取辩乎一物，而原极天下之污隆，名之至也。墨翟、孙卿近之矣。

凡领录散名者，论名之所以成、与其所以存长者、与所以为辩者也。名之成，始于受，中于想，终于思。领纳之谓受，受非爱憎不著；取像之谓想，想非呼召不征；造作之谓思，思非动变不形。名言者，自取像生。故孙卿曰："缘天官。凡同类同情者，其天官之意物也同。故比方之疑似而通，是所以共其约名以相期也。"此谓想随于受，名役于想矣。又曰："心有征知。征知则缘耳而知声可也，缘目而知形可也。然而征知必将待天官之当簿其类然后可也。"

接于五官曰受，受者谓之当簿；传于心曰想，想者谓之征知。一接焉一传焉曰缘。凡缘有四。增上缘者，谓之缘耳知声，缘目知形，此名之所以成也。名虽成，臧于胸中，久而不渝，浮屠谓之法。《墨经》曰："知而不以五路，说在久。"《说》曰："智者若疟病之之于疟也。智以目见，而目以火见，而火不见，惟以五路知。久，不当以目见。若以火。"此谓疟不自知，病疟者知之；火不自见，用火者见之。是受、想之始也。受、想不能无五路，及其形谢，识笼其象，而思能造作。见无待于天官，天官之用，亦若火矣。

五路者，若浮屠所谓九缘：一曰空缘，二曰明缘，三曰根缘，四曰境缘，五曰作意缘，六曰分别依，七曰染净依，八曰根本依，九曰种子依。自作意而下，诸夏之学者不亟辩，泛号曰智。目之见必有空明根境与智，耳不资明，鼻舌身不资空，独目为具五路。既见物已，虽越百旬，其像在，于是取之，谓之独影。独影者，知声不缘耳，知形不缘目，故曰不当。不当者，不直也，是故赖名。曩令所受者逝，其想亦逝，即无所仰于名矣，此名之所以存也。泰始之名，有私名足也；思以综之，名益多，故《墨经》曰"名，达、类、私"。孙卿曰："万物虽众，有时而欲遍举之，故谓之物，物也者，大共名也。有时而欲遍举之，故谓之鸟兽，鸟兽也者，大别名也。"若则骐骝骆骊为私，马为类，畜为达，兽为别，物为共也。有时而欲摄举之，丛马曰驷，丛人曰师，丛木曰林，丛绳曰网，浮屠以为众法聚集言论。孙卿曰："单足以喻则单，单不足以喻则兼。"人马木绳，单矣；师驷林网，兼矣。有时而欲辨异举之，以药为丸，其名异,自和合起;以瓶为败瓦,其名异,自碎坏起;以谷为便利,其名异,自转变起;以金带钩为指环,俄以指环为金带钩,其名异,自加功起,浮屠以为非常言论。孙卿曰:物有同状而异所者,虽可合,谓之二实。有异状而同所者,谓之化。有化而无别,谓之一实。此名之所以长也。诸同类同情者,谓之众同分。其受想同,其思同,是以有辩。辩所依隐有三。《墨经》曰:"知,闻、说、亲。名、实、合、为。"《说》曰:"知:传受之,闻也;方不㢓,说也;身观焉,亲也。所以谓,名也;所谓,实也;名实偶,合也。志行,为也。"亲者,因明以为现量;说者,因明以为比量;闻者,因明以为声量。

赤白者,所谓显色也;方圆者,所谓形色也;宫徵者,所谓声也;薰臭者,所谓香也;甘苦者,所谓味也;坚柔燥湿轻重者,所谓触也。遇而可知,历而可识,虽圣狂弗能易也,以为名种。以身观为极,阻于方域,蔽于昏冥,县于今昔,非可以究省也。而以其所省者善隐度其未所省者,是故身有五官,官簿之而不谛审,则检之以率。从高山下望冢上,木芊芊若著。日中视日,财比三寸盂,旦暮乃如径尺铜盘,校以勾股重差,近得其真也。官簿之而不遍,则齐之以例,故审堂下之阴,而知日月之行、阴阳之变;见瓶水之冰,而知天下之寒、鱼鳖之臧也;尝一脔肉,而知一镬之味、一鼎之调。官簿之而不具,则仪之以物,故见角帷墙之端,察其有牛;飘风堕曲尘庭中,知其里有酿酒者,其形虽隔,其性行不可隔,以方不障为极。有言苍颉隶首者,我以此其有也,彼以此其无也。苍颉隶首之形不可见,又无端兆足以拟有无,虽发冢得其骶骨,人尽有骨，何遽为苍颉隶首？亲与说皆穷，征之史官故记，以传受之为极。今辩者所持说尔，违亲与闻，其辩亦不立，此所以为辩者也。

辩说之道，先见其旨，次明其柢，取譬相成，物故可形，因明所谓宗、因、喻也。印度之辩，初宗，次因，次喻。大秦之辩，初喻体，次因，次宗。其为三支比量一矣。《墨经》以因为故，其立量次第，初因，次喻体，次宗，悉异印度、大秦。《经》曰："故，所得而后成也。"《说》曰："故，小故，有之不必然，无之必不然。体也，若有端。大故，有之必无然，若见之成见也。"夫分于兼之谓体，无序而最前之谓端。特举为体，分二为节之谓见。今设为量曰，声是所作，凡所作者皆无常，故声无常。初以因，因局，故谓之小故；无序而最前，故拟之以端。次以喻体，喻体通，故谓之大故，此凡所作，体也；彼声所作，节也，故拟以见之成见。因不与宗相剀切，故曰有之不必然。无因者，宗必不立，故曰无之必不然。喻体次因，以相要束，其宗必成，故曰有之必然。验《墨子》之为量，固有喻体无喻依矣。何者？万物无虑有同品，而奇觚者或无同品，以无同品则无喻。《墨经》曰："不可偏去而二，说在见与俱、一与二、广与修。"诸有形者，广必有修，修亦必有广矣。云线有长无广者，形学之乱。《墨子》知其不偏去，伣也，固有有修无广者矣。骋而往，不彭亨而及，招摇无尽，不以针镳鸟翮之宽据方分，此之谓时。今欲成时之有修无广也，即无同品。虽然，若是者，岂直无喻依，固无喻体。喻依者，以检喻体而制其款言，因足以摄喻依，谓之同品定有性。负其喻依者，必无以因为也，谓之异品遍无性。大秦与《墨子》者，其量皆先喻体后宗。先喻体者，无所容喻依，斯其短于因明。立量者，常则也，有时不可用三支，若《墨经》之驳仁内义外曰："仁，爱也。义，利也。爱利，此也；所爱所利，彼也。爱利不相为外内，所爱利亦不相为外内。其为仁内也，义外也；举爱，则所利也，是狂举也。若左目出，右目入。"此以三支则不可说也。破人者，有违宗，有同彼，有胜彼，亦无所用三支。何谓违宗？彼以物有如种极微也，而忌言人有庵摩罗识，因言无相者无有。诘之曰：如种极微有相不？则解矣。何谓同彼？彼以异域之政可法也，古之政不可法，因言时异俗异，胡可得而法？诘之曰：地异俗异可得法不？则解矣。何谓胜彼？彼以世多寃言也，谓言皆妄。诘之曰：是言妄不？则解矣。《墨经》曰："以言为尽悖。悖，说在其言。"此谓胜彼破也。

为说者曰：三支不足以原物，故曰漆淖水淖，合两淖则为蹇，湿之则为干；金柔锡柔，合两柔则为刚，燔之则为淖。或湿而干，或燔而淖，类固不必可推知也。凡以说者，不若以亲。自智者观之，亲亦有绌。行旅草次之间，得被发魃头而魃服者，此亲也，信目之谛，疑目之眩，将在说矣。眩人召圜案，圜案自垣一方来，即种瓜瓠，萌未移，其实子母钩带，千人见之，且剖食之，亲以目以口则信，说以心意则不信。远视黄山，气皆青，俯察海波，其白皆为苍，易位视之而变，今之亲者非昔之亲者。《墨经》曰："法同则观其同，法异则观其宜。"亲有同异，将以说观其宜，是使亲诎于说也。原物之质，闻不若说，说不若亲。今有闻火浣布者，目所未睹，体所未御，以说又无类，因谓无火浣布，则人莫不然，谓之蔽䐃。《墨经》曰："知其所以不知，说在以名取。"此乃使亲、说交诎于闻也。凡原物者，以闻、说、亲相参伍。参伍不失，故辩说之术奏。未其参伍，固无所用辩说。且辩说者，假以明物，诚督以律令则败。夫主期验者任亲，亟亲之而言成典，持以为矩。矩者，曰：尽，莫不然也。必，不已也。而世未有尽验其然者，则必之说废。今言火尽热，非能遍拊天下之火也，拊一方之火而因言凡火尽热，此为逾其所亲之域。虽以术得热之成火，所得火犹不遍，以是言凡火尽热，悖。《墨经》通之曰："无穷不害兼，说在盈否。知，不知其数而知其尽也，说在明者。"则此言尽然不可知，比量成而试之。信多合者，则比量不惑也。若是，言凡火尽热者，以为宗则不悖，以为喻体犹悖。言必有明日者，以昨往有今，以累昨往尽有今，拟仪之也。物固有断，则昨或不断而今或断。言必有明日者，是犹言人必有子姓，以说不比，以亲即无征。是故主期验者越其期验。《墨经》说推类之难曰："此然是必然，则俱为麋。"此庄周所以操齐物夫？